大学入学共通テスト

倫理、政治・経済

予想問題集

河合塾講師
河合 英次

KADOKAWA

こんにちは。予備校講師の河合英次です。共通テストがいよいよ始まりましたね。すでに受けたことのある人もこれからはじめて受ける人も、さまざまな不安を感じながら過ごしていると思います。その不安は、共通テストに関する情報がまだ少なく、何をどのように勉強すればいいのかがわからないということに起因していますよね。

共通テストでは「思考力・判断力」を問うというけれど、思考力や判断力はどうすれば身につくのでしょうか。それは、**十分な知識を身につけて、数多く演習を繰り返す**ことに尽きます。何もしないで漫然と過ごすだけで思考力や判断力がひとりでに身につくわけはありません。思考力や判断力は、みなさんの内面にそれを蓄えておけるだけの装備がなければ身につかないのです。そう、まずは「装備」を身につける必要があります。その装備とは、じつは「**倫理、政治・経済**」に関する教科書的な知識です。それがなければ、思考力や判断力は身につきません。では、その知識だけで足りるかというと、そうではなく、その知識の定着を確認するために数多くの演習を繰り返す必要があります。

この本では、2021年1月に実施された共通テスト「倫理、政治・経済」のうち「第1日程」の問題と解説を収録しています。まずは、この問題を解いてみてください。共通テストがどのような試験であるかを知る必要があるからです。この問題を解いたら、3回分の「**予想問題**」に進んでください。「3回分」という点が重要で、この3回分＋2021年の問題で「倫理、政治・経済」の**教科書的な知識**の相当部分を身につけることができ、かつ問題を解くという作業を通じて**演習力**も高められるようにつくられています。つまり、先に述べた不安を解消し、「思考力・判断力」を身につけるための十分な対策が実現できるのです。

ただし、1点だけお断りしておきたいことがあります。この本では、出題範囲の網羅性を重視しているため、本番の共通テストよりも1回あたりの小問数を若干増やしています。その関係で、配点は共通テストの形式には必ずしも従っていません。**形式よりも内容の充実を図った**からです。ただし、各小問の形式は共通テストを十分に踏まえています。

この本は、このような配慮からつくられていますが、分量的にこれで十分だと言うつもりはありません。共通テストの過去問はまだ数セット分しか存在しませんから、この本に加えて、センター試験時代の過去問を解き、また、共通テスト対応の模擬試験を受けてほしいのです。もっとも、この本にある問題を解かずに身につく「思考力・判断力」では、共通テストの

問題で高得点をとることは難しいと言えるでしょう。この本を通じて、学習した読者のみなさんが本番の共通テスト「倫理、政治・経済」で高得点がとれ、第一志望の大学に合格できることを心より祈っています。

　最後に、この本の出版にあたっては、編集者の山川徹さんに多大なるご尽力をいただきました。山川さんは、僕を出版の世界に誘ってくれた恩人でもあります。ここに感謝の意を示します。

河合塾公民科講師　河合 英次

大学入学共通テスト 倫理、政治・経済予想問題集　もくじ

　＊この本は、2021年8月時点での情報にもとづいています。

　＊別冊に掲載されている写真・イラストは、実際の試験で出題されているものとは異なる場合があります。

この本の特長と使い方

【この本の構成】 以下が、この本の構成です。

【別　冊】

- 「問題編」：2021年に実施された共通テストのうち「第1日程」（1回分）と、試験本番で出題される可能性が高い予想問題3回分の計4セット分からなります。

【本　冊】

- 「分析編」：共通テストの出題傾向を徹底的に分析するだけでなく、**具体的な学習法**や心がまえなどにも言及しています。
- 「解答・解説編」：大問単位の難度が 易 ／ やや易 ／ 標準 ／ やや難 ／ 難 の5段階によって示され、共通テストの出題方針である「思考力・判断力」の養成に役立つ実践的な説明がなされています。

【「解答・解説編」の構成】

　　＊以下は小問単位の構成要素です。

- タイトル：例 【教育を受ける権利】
- 難易度表示：大問単位の難易度と同様、5段階によって示されています。
- 思 ：「思考力・判断力」を必要とする小問に付されています。
- 必要な知識 ：その小問を解くうえで前提となる**基本知識**を端的に整理しています。
- 解説の地の文：大手予備校の河合塾で人気・実力派講師として絶大な支持を得る河合先生が、試験本番で働かせるべき**思考回路に忠実な解き方**を教えてくれます。最重要用語は**太字**で、重要用語も**太字**で表しています。
- 関連知識　例 知識の整理 ／ ＋αの知識 ：その小問の関連知識を**箇条書きスタイル**や**図表スタイル**でまとめています。**高得点ねらいの人は必読**です。

【この本の使い方】 共通テストは、単純な知識を覚えても得点できない試験です。この本の解説を、設問の正解・不正解にかかわらず**完全に理解できるまで何度も読み返す**ことにより、「思考力・判断力」を身につけていってください。

分析編

分析編

解答・解説編

2021年（第1日程）

予想問題・第1回

予想問題・第2回

予想問題・第3回

2021年1月実施　共通テスト・第1日程の大問別講評

＊併せて、別冊に掲載されている問題も参照してください。

第1問　やや易

「源流思想」に関する出題である。問4で、資料としてブッダゴーサ『アッタサーリニー』を参照させつつ会話文中の空欄を補充させるという問題形式は、センター試験には見られなかった傾向である。ただし、資料と会話文をていねいに読み比べれば解答は容易であった。

第2問　標準

「日本思想」に関する出題である。『古事記』、鎌倉仏教、江戸期の思想、近現代思想と、幅広く出題されている。いずれも教科書的な基礎知識があれば十分に解答可能な易しい問題であったが、丸山真男、小林秀雄、吉本隆明について尋ねた問4は、細かい知識がないと難しかったであろう。センター試験に比べて、絵画やポスターなどをもとに考えさせるという形式の出題が多く、「思考力」を試すという共通テストのコンセプトに沿っている。

第3問　やや易

「西洋近代思想」に関する出題である。いずれも難度は高くないものの、問4のような、会話の文脈を踏まえて正解を導くという形式は、共通テストの新傾向である。また、問3はキルケゴールが説いた「実存の三段階」の順番を尋ねているが、この形式は、2018年度実施の試行調査「倫理」においても出題されていた。

第4問　標準

「青年期の発達課題、西洋現代思想」に関する出題である。資料文や図をもとにした出題形式であり、全体的に易しい。問3(1)はマルクスの思想について述べた下線部を選択させるものであったが、この形式は2018年度実施の試行調査「倫理」にも見られた。

第5問 やや難

「政治分野」に関する出題である。公法と私法、私人相互の関係に関する法について尋ねる問1と、「教育と法」について憲法第26条の解釈について尋ねる問3は、資料を正確に読まないと解答しづらい。問1・問3は、共通テストの新出題形式である。問6は、日本、アメリカ、イギリスの政治体制について尋ねているが、アメリカの下院に政府高官人事への同意権が与えられているかどうかを判断するのは難しい。

第6問 やや難

「経済分野」に関する出題である。問3は、ある国の歳入と歳出の項目別金額に関する表にもとづいて、国債残高、国債依存度、プライマリー・バランス、直間比率などを求めさせる出題であり、難度が高い。また、問4も、不良債権処理の構造を問題文や図から読み取るよう要求しており、難度が高い。問4・問6は、共通テストの新出題形式である。

第7問 標準

「政治分野」「経済分野」の両方の知識が必要な総合問題である。問1・問4は、センター試験には見られなかった新出題形式である。ただし、いずれの小問も難度はそれほど高くなく、資料となる会話文や図をしっかり読み取れば十分正解可能である。

共通テストで求められる学力

【出題のねらい】

　大学入試センターによると、共通テストの出題は、「知識の理解の質を問う問題や、思考力、判断力、表現力を発揮して解くことが求められる問題」である。共通テストに関する情報はまだそれほど多くないが、2021年に実施された2回の試験（第1日程・第2日程）を見るかぎり、その意図どおりの出題が散見される。ただし、**多数の図や資料から出題テーマを見つけさせるという目新しいプロセスに従う小問や、難しめの小問がいくつか出てはいるものの、小問の多くは、教科書による学習を着実に行なっていれば十分に対応できる**レベルである。もともと、公民科目はセンター試験の時代から「思考力」や「判断力」を問う出題が主流であった。ふだんから、単なる暗記に頼らず本質を学んでいく姿勢で取り組んでいれば十分に対応できる試験であると言えるだろう。

【問題の解き方】

　共通テストの小問の出題タイプは、以下の3つに大別される。

---

❶　知識重視の小問
❷　図表や資料を読み取らせる小問
❸　思考力を試す小問
　　＊❶～❸の混合型に属する小問もある。

- ❶　**知識重視の小問**：ふだんからの学習によって相当程度までカバーできる。すべての選択肢に含まれる情報を知識としてもっておく必要はなく、**正解を見抜くための情報さえ知っていれば十分**である。

　共通テストの選択肢には以下の2つの場合があるが、どちらの場合にせよ、教科書に沿った学習で相当程度まで対応できる。

Ⓐ　正解の選択肢の正誤判定は易しいが、ダミーの選択肢の正誤判定が難しい場合
Ⓑ　ダミーの選択肢の正誤判定は易しいが、正解の選択肢の正誤判定が難しい場合

- ❷ 　図表や資料を読み取らせる小問 ：❶と同様、次の 2 つの場合がある。

> ⓐ 　特定の知識があることを前提に図表を読み取らせる場合
> ⓑ 　特定の知識があることを前提とせず、単に図表を読み取らせる場合

　ⓐの対策は❶ 知識重視の小問 と同じである。一方、ⓑの場合は、み
なさんが事前に勉強したのと同じ図表が出題される可能性はほぼなく、
初見の図表を試験本番で読み取るしかない。ただし、その点はほかの受
験生も同じである。

　このような「**初見図表**」には、**正誤を見きわめるポイントがある**。た
とえば、図表中のある項目について最も値が高いのは日本であるのに、
選択肢ではアメリカが最も高い値を示している、などという場合である。
また、図表中の数値について、たとえば 2000 年以降に上昇しているの
に、選択肢には「下がっている」と記載されている場合である。もっと
も、いずれの場合も、図表と選択肢の内容をていねいに見ていけば解け
るはずである。共通テストでは、図表を踏まえて会話文の内容を判断さ
せる問題が見受けられるが、解き方は同じである。

- ❸ 　思考力を試す小問 ：**多くの問題を解いて慣れておくことが最良の対
策**である。もっとも、本番の試験、および試行調査の問題を見るかぎり、
このタイプではそれほど難しい問題は出ていない。ふだんからの学習で
十分に対応可能である。

共通テスト対策の具体的な学習法と心がまえ

- 共通テストは、教科書から出題される：大学入試センターが作成する試験であるかぎり**出題範囲が教科書を逸脱することはない**ので、必要以上に恐れなくてもよい。すでに示されている情報に従って入念に準備していれば問題ない。

- 教科書にもとづく基礎学力の習得が肝要：教科書を用いた基礎知識の習得は、可能ならば夏休み中に、遅くとも9月中には終了させよう。共通テストでは「思考力・判断力」が強調されているが、それらの力は、「倫理、政治・経済」という科目に関する基礎的知識を十分に身につけていることが前提となってはじめて発揮される。そうした**基礎知識を前提としない純粋無垢な「思考力・判断力」など存在しない**。また、共通テストでも、従来のセンター試験で多く出題されていたような、「知識」の有無を尋ねる問題も引き続き出ている。そうした問題の対策としても、**教科書にもとづいた基礎学力の習得は不可欠**である。

- 教科書の「コラム」に注意！：それぞれの教科書には、各分野の基礎知識に関する説明に加えて、各分野に関する発展的な内容が「コラム」などとして扱われている。「コラム」の内容は多岐にわたるが、いずれも、その分野で勉強することが社会の中でどのような問題になっているのか、つまり、学習する内容が社会とどう関連しているのかが具体的に記されている。**教科書の「コラム」こそ、「思考力・判断力」を鍛えるのに最適な素材である。**

- 「広く、浅く」ではなく、「広く、深く」学ぶ：「倫理、政治・経済」では、単独科目としての「倫理」や「政治・経済」よりも易しい問題が出るというわけではない。むしろ、「倫理」や「政治・経済」よりも難度の高い問題が出る傾向にあると言っても過言ではない。センター試験時代の「倫理、政治・経済」に一部出題されていたような、**一般的な社会常識から解けてしまうような「ゆるい」小問は、共通テストでは出ないと観念すべきであり、少し込み入った知識まで学ぶ必要がある。**

- **多くの問題を解いて演習力を磨く！** ：「思考力・判断力」を身につけるためには、できる限り多くの問題を解く必要がある。まずは、センター試験の過去問演習から始めよう。共通テストでも、「センター試験型」とも言うべき知識重視の問題は数多く出ている。「倫理」や「政治・経済」の教科書は、「世界史B」や「日本史B」の教科書に比べてページ数が少ない。つまり、出題範囲が地歴科目よりもせまい。したがって、**試験の出題内容が、センター試験を含む過去問とバッティングする可能性はきわめて高いため、過去問演習は必須**である。共通テスト対策用の参考書・問題集の出版数は現時点ではまだ少ないが、この本に掲載されている問題は、少なくとも、演習すべき問題の対象となりうる。現時点で立てられる対策は、この本での学習を中心に据えてすべてやり尽くそう。

- **勉強のやり方は「自分流」でかまわない** ：ここまで具体的な学習法に触れてきたが、**重要なのは、どんな形にせよ勉強を始めること**である。いつも生徒に言っていることであるが、たとえどんなに不器用であっても、自分なりに勉強を進めていくうちに、あるとき、自分のやり方がとても非効率的であり微調整が必要だと気づく。そうしたら、しめたもの。その後は、正しい学習法が自然と身についていく。共通テストの「倫理、政治・経済」については、たとえ学習が100％完成していなくても、合格点に到達することは十分に可能である。この本を、対策の出発点として使ってほしい。

- **「チャンス」はいつも準備途中にやって来る** ：授業でもよく言うことだが、「チャンス」というものは必ず、**準備が整う前にやってくる**。十分に準備してから共通テストに臨むのが理想的だが、中には準備不足で受けざるをえない人もいるだろう。しかし、それでいいのだと思う。人生において、準備が十分に整った状態で何事かに臨むことは、きわめてまれである。ほとんどの人が、「もっと入念に準備しておくべきだった」と思いつつ、そのときに出せる限りの実力をその場で発揮するのである。試験本番で緊張して焦る人もいるだろう。しかし、**人生の大舞台で緊張するのはごく当たり前**。志望校に合格したいからこそ緊張するのである。緊張するのは、大学へ行きたい証拠。ガチガチに緊張した状態で受験してほしい。だいじょうぶ、結果はあとからついてくる。長い人生において、みなさんのチャレンジはきっと大きな実りとなるだろう。

「倫理、政治・経済」の分野別対策

【倫　理】

- 源流思想分野：大きく、ギリシャ思想、三大宗教（キリスト教、イスラーム教、仏教）、そして中国思想からなる。ギリシャ思想に関する出題内容の7割は、ソクラテス、プラトン、アリストテレスの思想である。とくに、プラトンとアリストテレスの思想は対照的で、プラトンが問われる場合にはアリストテレスがダミーの選択肢に、アリストテレスが問われる場合にはプラトンがダミーの選択肢に使われる場合が多いので、2人の思想を対比的に整理しておくとよい。三大宗教については、キリスト教とイスラーム教の相違点をおさえておく。キリスト教において認められている「神の子」や「救世主」の存在は、イスラーム教では認められてない。中国思想について出題頻度が最も高いのは儒家である。孔子・孟子・荀子のほか、朱子学や陽明学についても十分に勉強する必要がある。儒教思想をベースとして、道家や墨家、法家の思想を対比的に整理しておくとよいだろう。

- 西洋思想分野：この分野でおさえておかなければならないのは、キリスト教の「神」（具体的には教会）と「人間」とのあいだの精神的距離が、時代が進むにつれてどう変遷していったか、という点の理解である。中世においては絶対的な権威をもつ教会にそむくことはできなかったが、ルネサンスや宗教改革をへて近代に移行するにつれて、科学を手に入れた人間たちは、教会による教えを徐々に相対化していく。中には、神の存在そのものを否定する者も現れる。よく出るのは、どの思想家が神の信仰に篤く、反対にどの思想家がそれを否定したのか、という観点が必要な設問である。また、カントなどの思想を踏まえた推論問題が出ることもあるので、多くの問題を解いて演習力を身につける必要がある。

- 日本思想分野：まずは日本古来の古神道の特徴、そして外国から伝来した仏教や儒教、西洋思想の特徴を整理しておこう。とくに、仏教については、時代ごとに特徴が変わるため注意が必要である。江戸期の思想は、朱子学を中心に、同じ儒学である陽明学や古学、さらには国学や民衆思想、洋学の思想家を整理しておこう。また、「西洋思想の受容」のテーマについては、福沢諭吉、中江兆民、内村鑑三、夏目漱石、和辻哲郎、西田幾多郎らが頻出である。

- **青年期と現代社会分野**：青年期については、難問が出る場合もあるが、出題範囲自体はせまく、またある意味では受験生自身のことを問うている場合も多いので、得点源となりうる分野である。現代社会分野は、「政治・経済」と重なるので、そちらの学習で兼ねてもよい。

【政治・経済】

- **政治分野**：この分野の二大テーマは、「人権」と「統治機構」である。「人権」については、人権思想の成立と発展、さらに日本国憲法における人権規定の内容を整理しておくことが求められる。また、裁判所が下した重要判例に関する知識も求められる。とくに、最高裁判所による違憲判決は、その内容まで十分に理解しておきたい。他方、「統治機構」については、国会・内閣・裁判所のそれぞれの機構のしくみと、地方自治や選挙制度などを中心に学習しよう。「統治機構」は制度に関する議論であり、抽象的でおもしろみには欠けるが、出題パターンがある程度決まっているので、きちんと学習すれば得点源となりうる。

- **経済分野**：出題の中心テーマは、「市場メカニズム」「財政政策」「金融政策」「国民所得」である。いずれも、知識よりも理論が問われる場合が多い。おそらく「倫理、政治・経済」の中で最も差がつきやすい分野であり、それぞれの理論をしっかり理解しておく必要がある。また、この分野では、図表問題が出る可能性が高い。図表の読み取りはていねいに正確に行なわなければならず、焦って解いてはならない。さらに、「プライマリー・バランス（基礎的財政収支）」や「国民所得」「経済成長率」「信用創造」などの計算問題が出る可能性も高いため、それぞれの計算式を頭に入れておかなければならない。さらに言えば、これらの経済指標は「戦後日本経済の動向」というテーマに沿って問われる可能性があるので、このテーマも理解しておかなければならない。復興期、高度経済成長期、バブル景気、バブル崩壊後のように、それぞれの時期のできごと別に理解を深めておこう。

- **国民生活分野**：「労働」と「社会保障」を中心に、「消費者」「農業」「環境」「資源・エネルギー」などのテーマからなっている。「労働」と「社会保障」は少子高齢化との関連で出題されるため、近年の時事的な動向も踏まえておく必要がある。「環境」のテーマは、「公害」と「地球環境問題」に大別される。「公害」については四大公害病、「地球環境問題」については地球温暖化に関連した問題が比較的出やすい。

● 国際関係分野 ：「国際政治」と「国際経済」が二大テーマである。「国際政治」で出題されやすいのは、「国際連合のしくみ」「冷戦構造」と、「冷戦崩壊後の国際情勢」である。「軍縮」、とりわけ「核軍縮」のテーマとして、近年発効した核兵器禁止条約をはじめ、おもな核関連条約についても整理しておく必要がある。また、「国際紛争」に関する出題も予想される。「国際経済」は、「国際収支」「外国為替」「国際通貨金（IMF）」や「世界貿易機関（WTO）」などが出題される。「国際収支」と「外国為替」は、両者をからめた計算問題が出る可能性が高いため、深く理解しておく必要がある。

分析編

解答・解説編

2021年（第1日程）

予想問題・第1回

予想問題・第2回

予想問題・第3回

2021年1月実施

共通テスト・第1日程
解答・解説

問 題番 号(配点)	設　問		解答番号	正　解	配　点	問 題番 号(配点)	設　問		解答番号	正　解	配　点
第1問(12)	1		1	1	3	第5問(19)	A	1	17	4	3
	2		2	2	3			2	18	2	3
	3		3	1	3			3	19	6	4
	4		4	3	3		B	4	20	1	3
第2問(12)	I	1	5	3	3			5	21	3	3
		2	6	1	3			6	22	5	3
	II	3	7	2	3	第6問(19)	1		23	2	3
	III	4	8	5	3		2		24	4	3
第3問(12)	1		9	3	3		3		25	2	3
	2		10	4	3		4		26	1	3
	3		11	5	3		5		27	2	3
	4		12	3	3		6		28	2	4
第4問(14)	1		13	6	4	第7問(12)	1		29	1	3
	2		14	4	3		2		30	2	3
	3	(1)	15	2	3		3		31	3	2
		(2)	16	5	4		4		32	1	2
									33	4	2

第1問　源流思想　やや易

問1【共同体や社会をめぐる思想】　**1**　**正解：①**　やや易

必要な知識　**ペテロ・荀子・薫仲舒・スンナ派**の思想

　イエスの最初の弟子であった**ペテロ**は、イエスの裁判のときに弟子であることを否定し、逃げた。しかし、その後イエスの**復活**の最初の証人となり、イエスの思想の布教を積極的に推進した。ローマへ布教に赴いたさいに、皇帝ネロの迫害を受け殉教した。

　②：誤文。「自然と落ち着いていくことを待つ以外にない」が誤り。荀子は、人間の本性を悪である（**性悪説**）ととらえ、その悪を矯正するためには後天的努力、すなわち**礼**による矯正が必要だ（**礼治主義**）と考えた。

　③：誤文。「自然災害は、善政を敷く君主の統治する社会においてこそ起こる」という点が誤り。**天人相関説**とは、人の本性は天にもとづき、天と人の本性とは密接な関係にあるという考えであるから、その説によれば、善政を敷く君主が統治する社会には災害は起こらないはずである。

　④：誤文。スンナ派ではなく、シーア派の内容。

　スンナ派とは、ムハンマドの後継者であるアブー・バクルに始まる4代の正統カリフと、その後の歴代カリフによる指導のもとにあるイスラームの歴史を正統なものとして認める宗派。イスラーム教徒の90%を占める。

知識の整理

ペテロとパウロ	
人　物	事　績
ペテロ	イエスの12人の弟子（**十二使徒**）の筆頭。イエスが捕まって拷問を受けているときに、自分も拷問を受けることを恐れてイエスの弟子であることを否定した。のちに悔い改め、その後はイエスの**復活**を唱える。初代**ローマ教皇**。墓所はサン・ピエトロ大聖堂（バチカン市国）にある
パウロ	もとは**ユダヤ教**徒。イエスの教えに感化され、**回心**。イエスの教えを地中海世界に広める（**異邦人伝道**）。人が義とされるのは信仰による（信じれば救われる）という**信仰義認説**にもとづき、信仰・希望・愛という**三元徳**を唱えた

問2 【パウロの思想】 2 正解：② 標準

必要な知識 パウロの思想、キリスト教の教義

『新約聖書』における「ローマ人への手紙」第16節の引用である。「わたしは福音を恥としない。福音は、ユダヤ人をはじめ、ギリシア人にも、信じる者すべてに救いをもたらす神の力だからです」。また、第28節からは「人が義とされるのは律法の行いによるのではなく、信仰による」。

a：「福音」が入る。**福音**とは、神からの喜ばしい言葉、すなわち救済の知らせのことであるが、「わたしは福音を恥としない」は、福音を恥とする人びとに対して**パウロ**が述べた言葉である。

b：「ユダヤ人をはじめ、ギリシア人にも」が入る。パウロが福音を信じる理由については、パウロがイスラエル人のみしか救済の対象としない**ユダヤ教から回心した**ことを踏まえれば、ギリシア人も救済の対象とするのは当然の帰結となるだろう。

c：「**律法**」が入る。パウロは、ユダヤ教のパリサイ派に属していた。**パリサイ派**とは、律法を厳格に遵守する宗派である。しかし、イエスの思想に触れて**回心**し、人が義とされるのは信仰によるという**信仰義認説**を唱えた。

知識の整理

重要語句

| 福音 | イエスによりもたらされた、神からの喜びの言葉。原罪からの救済を知らせる |
| 律法 | 神がイスラエルの民または全人類に啓示した、宗教的、儀式的および倫理的命令 |

パウロに関するまとめ

異邦人伝道	ユダヤ教パリサイ派から回心して、イエスの思想を地中海世界に布教した
原罪の思想	神の教えにそむいたアダムとイヴの子孫である人間は生まれながらにして罪を背負っている
贖罪の思想	イエスの十字架刑は、神に人間の原罪の許しを乞うたものである
信仰義認説	神とイエスを信仰することは正しいと認められる（信仰すれば、救われる）

分析編

解答・解説編

2021年（第1日程）

予想問題・第1回

予想問題・第2回

予想問題・第3回

問3 【ヘレニズム思想】　　3　　正解：①　やや易

必要な知識　ヘレニズム思想

　エピクロスは、**快楽主義**を唱え、あらゆる苦痛や精神的な不安などを取り除いた魂の状態を**アタラクシア**（魂の平静）とよんだ。

　②：誤文。「いかなる快楽でも可能な限り追求すべきである」という点が誤り。エピクロスが追求すべきとした快楽は精神的快楽である。

　③：誤文。「情念に従って生きるべきだ」という点が誤り。**ストア派**は、禁欲主義を唱え、「**自然に従って生きよ**」と説いた。ここでいう「自然」とは**理性**（ロゴス）を意味しており、**情念**（パトス）とは異なる。

　④：誤文。「あらゆる判断を保留することにより」という点が誤り。人間は、自分の自然的本性である理性を自然全体の理性に従わせることによって**アパテイア**（**不動心**）が得られる、と考えるのが正しい。

知識の整理

ヘレニズム思想のまとめ			
エピクロス派	個人主義 快楽主義	「隠れて生きよ」 （権力から離れる）	アタラクシア（魂の 平静）の追求
ストア派	世界市民主義 禁欲主義	「自然 に従って生きよ」	アパテイア（不動心） の追求

必要な知識　とくになし

　資料は、ブッダゴーサ『アッタサーリニー』からの引用である。この資料が上座部仏教の思想家ブッダゴーサの著書であること以外は何もわからないが、資料では、「慚（ざん）」と「愧（き）」が対比されている。まとめると、以下のとおり。

| 慚 | 自己に由来 | 自分自身によって引き起こされる | 慎みという人間の内的な本性に根ざす |
| 愧 | （他者という）外的要因 | 外的な世界によって引き起こされる | （他者への）恐れという本性に根ざす |

　会話文を見てみよう。Yの２つ目の発言に、「他人の目を恐れたのではなく、自分自身を謙虚に振り返ることで、恥を感じた」とある。「自分自身を謙虚に振り返る」ことが要因で恥を感じたのだから、その原因は、自己に由来する「慚」が働いたからだと考えられる。したがって、　b　には「慚」が入る。

　そして、その慚が働いていた行為が　a　なのだから、自分自身によって引き起こされる、つまり、「十分に準備をした上で発表に臨めていなかったので」が入る。

分析編

解答・解説編

2021年（第1日程）

予想問題・第1回

予想問題・第2回

予想問題・第3回

問1 【ギリシャ神話と日本の神話】　5　正解：③　標準　思

必要な知識　**ギリシャ神話と日本の伝統思想**

　資料は、**ヘシオドス**『**神統紀**』からの引用である。『**古事記**』に登場する日本の神と、『神統紀』に登場するギリシャの神とが対比されている。まず、日本の神話に登場する神は自然神であり、**多神教**である。したがって、①・②「究極の唯一神が天地を創造した」という記述は誤り。資料では、ガイアがポントスを生み、その後ウラノスと結ばれ、オケアノスを生んだとある。したがって、④「ウラノスが生んだポントス」という記述も誤り。

問2 【鎌倉仏教】　6　正解：①　標準　思

必要な知識　**末法思想と浄土信仰**

　ノートにある調べた結果の(i)に「大きな仏は、**阿弥陀仏**である」と書かれている。その点から、この絵は**浄土教**に関する描写だとわかる。

　浄土教は、**末法**の世において、阿弥陀仏の力を借り、信者を**極楽往生**に導くことをめざす。したがって、　**a**　には「右下の屋敷内の人物を極楽往生に導く」が入る。

　一方、　**b**　には末法に関する説明が入るので、「仏の教えだけが残っており、正しい修行も悟りもない」が入る。

知識の整理

仏教の歴史観

正法	仏教の教え（教）・修行（行）・悟り（証）が備わっている時代
像法	教と行のみで、証がない時代
末法	教だけが残っている時代

浄土教：「**南無阿弥陀仏**」（**念仏**）を唱え、阿弥陀仏の力により**極楽往生**

宗派	教祖	内容
浄土宗	法然	**専修念仏**：ただひたすら念仏を唱えるだけで救われる。ただし、念仏を唱えるのは自力

浄土真宗	親鸞	●**絶対他力**：救いのすべては阿弥陀仏の力によるものであって、人間の自力によるものはいっさいない ●**悪人正機説**：自力で功徳を積むことができる善人よりも、**煩悩**という悪にとらわれた**凡夫**である悪人こそが阿弥陀仏による救いを受けるのにふさわしい
時宗	一遍	「**捨て聖**」とよばれた一遍が、念仏を唱えながら行なう**踊り念仏**で全国を遊行

問3 【江戸期の儒学思想】 7 **正解**：② やや易 思

必要な知識 **林羅山**と**荻生徂徠**の思想

レポートにある a の直前に「徳川家の将軍に仕えた」という点、さらにその直後に「**持敬**」とある点から、 a には「林羅山」が入る。 b には**林羅山**の思想の内容が入るので、「人間社会にも天地自然の秩序になぞらえられる身分秩序が存在し、それは法度や礼儀という形で具現化されている」＝**上下定分の理**が当てはまる。したがって、②が正解となる。

荻生徂徠は江戸時代の儒学者で、中国古代の聖人が著した古典を、当時の言葉の意味を通じて理解しようとする**古文辞学**を唱えた人物である。ダミーの選択肢にある「『理』を追求するのではなく、古代中国における言葉遣いを学び、当時の制度や風俗を踏まえて、儒学を学ぶべきである」という記述は、徂徠の古文辞学に関する内容である。

知識の整理

江戸期の思想

儒学 ←→ 国学

朱子学
〔藤原惺窩、林羅山、山崎闇斎、雨森芳洲など〕

陽明学
〔中江藤樹、熊沢蕃山、大塩平八郎など〕

古学
（**古義学**・**古文辞学**）
〔山鹿素行、伊藤仁斎、荻生徂徠など〕

国学
〔契沖、荷田春満、賀茂真淵、本居宣長、平田篤胤など〕

民衆思想
〔石田梅岩、安藤昌益、二宮尊徳など〕

洋学
〔新井白石、横井小楠、佐久間象山、吉田松陰など〕

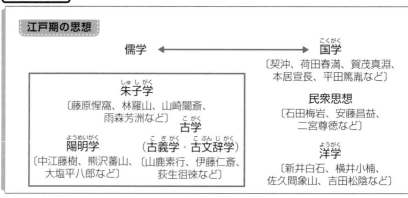

必要な知識　丸山真男・小林秀雄・吉本隆明の思想

　ア：「丸山真男」が入る。丸山真男は、日本ではさまざまな思想がただ雑居しているにすぎないと批判し、その雑居を「雑種」という新たな個性へと高める主体性を生み出すことの必要性を説いた。ただし、この雑居から雑種へという思想は加藤周一が唱えたもので、丸山は加藤の説を援用して自説を展開している。

　イ：「小林秀雄」が入る。小林秀雄は、明治以降の日本において、思想や理論がそのときどきの意匠（趣向）として扱われてきたことを批判し、「批評」という新しい思想スタイルを創造した。

　ウ：「吉本隆明」が入る。吉本隆明は、『共同幻想論』を著して個人・家族・国家の全体を問い、大衆の実生活の中に働く思考をつかみとるところに自立した個の基礎を置くことを説いた。

知識の整理

現代日本思想のまとめ	
三木清	ヘーゲルの影響を受け、この世界が主体と客体、ロゴス（理性）とパトス（情念）の弁証法的統一体の過程であることを明らかにしようとした
坂口安吾	著書『堕落論』。第二次世界大戦後の日本の道徳的な荒廃に対して、偽り飾ることのない自己に根ざした道徳を回復することを訴えた
丸山真男	著書『日本の思想』など多数。近代日本では、すべての国民が自己の私情を捨てて上の者に仕えることが美徳とされていたため、だれも主体性をもたない「無責任の体系」が成立していた
小林秀雄	近代日本思想が単なる意匠（趣向）に終始していると批判し、思想は、個人として生きる自己の「宿命」を見つめるところから始まると説いた
加藤周一	日本の思想はさまざまな思想が雑居しているにすぎないと批判し、その雑居を「雑種」に高めていく必要性を説いた
吉本隆明	著書『共同幻想論』。大衆の実生活の中に働く思考を模索するところに自己の基礎を置くべきだを説いた

分析編

解答・解説編

2021年(第1日程)

予想問題・第1回

予想問題・第2回

予想問題・第3回

問1 【デカルトの思想】 ┃ 9 ┃ 正解：③ 標準

▷必要な知識◁ **デカルト**の「**高邁（こうまい）の精神**」

「情念に左右されることなく、情念を主体的に統御する」という点がポイント。デカルトが説いた**高邁の精神**とは、みずからの自由と独立を実現するために、欲望や憎しみ、喜びや悲しみなど、身体から生じる情念を支配しようとする精神のことである。

①・②：誤文。モンテーニュなどの**モラリスト**の思想にこじつけた誤り。

④：誤文。「絶対確実な真理から出発する」「精神と身体・物体とを区別し」「機械論的な自然観」といったデカルトの思想を想起させる用語が並べられているが、高邁の精神とは直接関係しない。

問2 【良心のあり方】 ┃ 10 ┃ 正解：④ やや易 思

▷必要な知識◁ とくになし

ルソーの『**エミール**』からの引用である。④にある「彼ら（苦境にあえぐ人たち）のことを軽視する風潮に流されているうちに、その痛みを感じなくなってしまう」という記述がポイント。この内容は、文章の「良心は、誰にも相手にされなくなって意欲をなくし、何も語らなくなり、応答しなくなる」という記述に合致する。

①：誤文。「良心が感じるやましさは、～社会の通念への反発から、逆にいっそう強くなっていく」という記述は、本文の内容に合致しない。

②：誤文。本文の趣旨を踏まえれば、年長者には従うのが常識であるとしたら良心は年長者の不正な命令を不正だと感じなくなり、みなその命令に従うことになるだろう。

③：誤文。「良心を生み出した世の中のモラル」という記述が誤り。文章の前半で「良心は社会的通念の産物であると一般に考えられているが、社会的通念こそ、むしろ、良心の最も残酷な敵なのである」とある。

問3 【キルケゴールの「実存の三段階」】　　11　　正解：⑤　標準

＞必要な知識＜　キルケゴールの「実存の三段階」

　デンマークの思想家キルケゴールは、人間が自己の本来的なあり方を取り戻す道筋を「実存の三段階」として示している。

　第一段階は美的実存で、「あれも、これも」と快楽を追求することで人生を充実させようとするあり方である。この美的実存では、欲望や享楽の奴隷になり、自己を見失ってしまうという。そのあり方に関する説明はウである。「欲望の奴隷となって自分を見失った状態」という記述が決め手。

　第二段階は、倫理的実存である。「あれか、これか」と決断することによって享楽を捨て、自己の良心に従って社会的な義務を果たして生きようとするあり方である。この倫理的実存では、その義務を果たせない自己の無力さに直面して挫折するという。そのあり方に関する説明はアである。「自分の力の限界を思い知らされた状態」が決め手。

　第三段階は、宗教的実存である。これは、自分の無力さに絶望しながらも、神以外にすがるものがないという覚悟のもとで単独者として信仰に生きるあり方である。そのあり方に関する説明はイである。

【知識の整理】

> **キルケゴールの「実存の三段階」**
>
> ● 美的実存：自分の欲望を追求＝虚無感にさいなまれる
>
> ↓
>
> ● 倫理的実存：自分の信じる生き方を追求＝自分の限界に直面する
>
> ↓
>
> ● 宗教的実存：神を信仰して生きる＝単独者として生きる

問4 【conscience の意味】　　12　　正解：③　　

＞必要な知識＜　とくになし

　会話文中のTの2つ目の発言から、良心とは「誰かと共に、知る」という意味であることがわかる。また、3つ目の発言から「この『誰か』は必ずしも他の人に限られません」として、その「誰か」に自分自身が含まれるということが読み取れる。

問1 【フロイトの精神分析】 13 正 解 ：⑥ 標準

▷ 必要な知識 ◁ **フロイト**の**精神分析**

　　a　：「自我がエス（イド）と超自我」が入る。**エス（イド）**は、人間の本能や衝動的なエネルギーが働く領域である。**超自我（スーパーエゴ）**は、倫理的な働きをもつ領域である。**自我**は、エスと超自我のあいだに立ちながら、人間が外の世界に適応できるように調整する。

　　b　：「勉強不足が原因だと分析し、計画的に勉強しようとする」が入る。問題文中で、「問題焦点型対処」と「情動焦点型対処」があると指摘されている。このうち、「問題焦点型対処」とは「ストレスとなる問題や状況に目を向けて、それらを変える方法を模索する対処」である。それに該当するのは「勉強不足が原因だと分析し、計画的に勉強しようとする」である。一方、「『今回は運が悪かった』と思い込もうとする」ことは「情動焦点型対処」である。

▷ 知識の整理 ◁

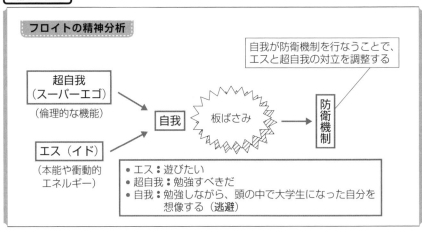

問2 【歴史を語る方法】　　14　　正解 : ④　やや易　思

必要な知識　とくになし

　　a　:「恣意的な取捨選択に委ねず、忘れることなく書かれるべきだ」
が入る。別冊 p.16 にある、「何でも恣意的に取捨選択していいの？　例え
ば、戦争などの犠牲者を歴史から消してはダメだよ。記憶すべき事実はあ
ると思うな」という記述がヒント。

　　b　:「人間だけでなく自然そのものにも価値があることを認める」
が入る。空欄の直前にある「自然の生存権」という記述がヒント。自然に
も生存権が認められるべきだという考え方に立てば、「自然そのものにも
価値があることを認める」という考え方になる。もう1つの選択肢にある
「現代の人間にとって有用な自然を優先的に保護する」は、自然を保護の
対象とすることであって、権利とは異なる。

問3　(1) 【マルクスの思想】　　15　　正解 : ②　やや易

必要な知識　　マルクスの思想

　②「物質的な生産関係という上部構造」という記述が誤り。マルクスは、
物質的な生産関係を下部構造とし、政治制度や文化を上部構造と位置づけ、
物質的な生産関係が土台となって政治や文化が規定される（「土台（下部
構造）は上部構造を規定する」）と考えた。①・③・④はいずれも正しい。

知識の整理

マルクスの唯物史観

　歴史を動かす原動力は生産力の発展である。人びとは、生産活動を行な
うために、その時代の生産力に応じた生産関係を結ぶ。そして、生産関係
は固定化されたまま生産力だけが向上していき、貧富の差が広がる。この、
生産力と生産関係の矛盾は階級闘争となって表れる。階級闘争によって生
産力に応じた新しい生産関係がつくられ、新しい社会制度が成立する。

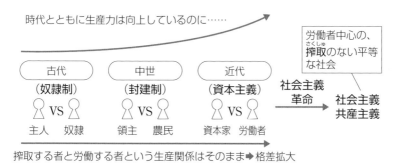

問3 （2）【歴史の記述の仕方】 ☐16 正解：⑤ やや難 思

必要な知識 とくになし

　第4問の会話文と問1〜3(1)の内容を踏まえた問題。PがQとの対話を通じて、Pの歴史に関する考え方がどのように変化したのかを確認していこう。

　　a ：ウに合致する。この空欄には、Qと議論する前のPの意見が入る。別冊p.15・16におけるPの意見の主旨は「歴史を正しく記述する方法がある」ということであり、「（歴史には）正しい書き方が存在する」と対応する。

　　b ：アに合致する。この空欄には、Qとの議論を通じてPが学んだ考え方が入る。別冊p.16の7・8行目にある「過去を多様に書けるからこそ、よりよく書くこともできるわけか」というPの発言がヒント。「歴史は、様々に書くことができるもので」と対応する。

　　c ：イに合致する。この空欄には**ベンヤミン**の思想を表す記述が入る。ベンヤミンの歴史観は、受験の知識としては細かいが、彼は、著書『歴史の概念について』の中で、歴史的な出来事は取捨選択されずにそのまま書かれるべきであると述べた。この考え方は、「歴史は、どの出来事にも意味がある〜過去のどの出来事も忘れられてはならない」と対応する。

+α の知識

ベンヤミンの歴史観

　ベンヤミンは、**マルクス**主義の思想家。**ナチス**からの逃亡中に自殺した。彼は、敗者のありうるべき過去の可能性を、歴史の連続性に依拠する進歩史観や勝者の歴史観に対峙させることによって探究した。

問1 【公法と私法】　17　正解：④　標準　思

▷必要な知識◁　**法**の分類や役割

　　ア　：「私」が入る。**資料1**において、「憲法第14条の平等および憲法第19条の思想良心の自由の規定」が、国家または公共団体と個人との関係を規律すると示されている。つまり、私人間の関係を直接規律するものではない。次に、**資料2**を読むと、その前半部分で、個人の基本的な自由や平等が社会的に許容される限度を超えて侵害された場合には、国家がその侵害に対処することが可能であると示されている。つまり、私人間の関係においても、個人の自由や平等に対する侵害が社会的に許容しうる限度を超える場合には、立法措置によって是正を図ることが可能である。

　　イ　：「私的自治」が入る。空欄直後に、「民法1条、90条や不法行為に関する諸規定等の適切な運用」とある。**民法**は**私法**であり、私的自治に関する一般規則を定めた法である。民法1条では、公共の福祉や信義誠実の原則など、私的自治の原則に対する制限が規定されている。ちなみに、**団体自治**とは、地方自治体が国から相対的に自立した自治を行なうこと。

知識の整理

法の分類

公法	国家と私人の関係を規律する法 憲法、刑法、刑事訴訟法、民事訴訟法など
私法	私人相互の関係を規律する法 民法、商法など
社会法	社会的弱者を保護する法 労働三法、生活保護法など

問2 【消費者をめぐる法や制度】　18　正解：②　標準

▷必要な知識◁　**消費者問題**に関連する法

　改正民法では、成人を18歳以上とし、契約の締結などの権利能力も付与することになった。

　①：誤文。文書ではなく、口頭による契約であっても、当事者間が合意していれば有効である。

③：誤文。**クーリング・オフ**にもとづいて、「いつでも契約を解除できる」わけではなく、契約解除の期間が定められている。たとえば、マルチ商法であれば20日以内とされている。

④：誤文。「規制が撤廃されている」という事実はない。改正貸金業法では、貸金業者による貸付け額は借り手の年収の3分の1以下とする規制がかけられている。

問3 【教育を受ける権利】　19　正解：⑥　やや易　思

> **必要な知識** とくになし

　a：不適当。「国会の判断に広く委ねられる」という点が誤り。資料1によると、授業料以外の費用に対しても、国や地方公共団体が負担すべきだとある。

　b：適当。資料2によると、「経済上の理由による未就学児童・生徒の問題は、教育扶助・生活扶助の手段によって解決すべきである」とある。**b**の「生存権の保障を通じての対応」がそれに合致する。

　c：適当。資料3によると、憲法における「無償」は、「授業料不徴収」のみを意味し、それ以外の費用に対する国の負担については立法政策の問題として解決されるべき事柄だとされている。立法政策として可能であるというのだから、それ以外の費用を国が負担することは、憲法によって禁止されていない。

問4 【時事問題】　20　正解：①　やや難

> **必要な知識** 近年の国や地方自治体による政策

　候補者男女均等法に罰則規定が設けられているという点が誤り。

　この設問においては、候補者男女均等法について知識がなくても、各政党が男女の候補者の数を均等にしていなければ罰則が設けられているという点が誤りであることには気づきたい。もしこれが事実なら、おそらくすべての政党が罰則の対象となってしまう。なお、日本では全議員に占める女性の割合が欧米諸国と比べて著しく低いことは知っておこう。

　②・③・④は、内容的に正しい。

＋αの知識

ふるさと納税制度

　制度上の実態は「寄付」であるが、任意の地方自治体に寄付して、現に居住する地方自治体へその寄付金額を申告することにより、寄付分の金額が控除される（＝納める税金額が少なくなる）制度である。納税者は、寄付をした地方自治体から返礼品を受け取ることができる。

分析編

解答・解説編

2021年（第1日程）

予想問題・第1回

予想問題・第2回

予想問題・第3回

問5 【各国の政治体制】 　21　 正 解：③ 標準 思

〉必要な知識〈 ある特定の時期における各国の政治状況

a：イが当てはまる。**チャーティスト運動**とは、労働者たちの参政権を求めた運動である。参政権を求める運動だから、「自由化（公的異議申立て）」はあるものの、「包括性（参加）」が小さいことがわかる。参政権を求めた運動が起きているということは、まだ多くの人たちに選挙権が認められていないことを意味する。

b：アが当てはまる。日本国憲法は、思想良心の自由や集会結社の自由を保障し、抑圧なく自由に政府に反対したり対抗したりすることを認めているし、年齢以外のいかなる制限も課さない**普通選挙**の制度を認めている。

c：ウが当てはまる。ソ連においては、**ゴルバチョフ**政権以前、つまり、**ペレストロイカ**以前は、人民には、政府に反対したり対抗したりする自由はないものの、選挙権だけは形式的に認められていた。

問6 【各国の政治体制】 　22　 正 解：⑤ 難

〉必要な知識〈 日本・アメリカ・イギリスの政治体制

a：正文。日本国憲法第59条2項によると、衆議院で可決し、参議院でこれと異なる議決をした法律案は、衆議院で出席議員の3分の2以上の多数で再び可決した場合に法律となると定められている。

b：誤文。政府高官人事への同意が認められているのは上院である。やや細かい知識を試す問題である。

c：正文。イギリスの議会は、上院は**貴族院**とよばれ、非選であるのに対して、下院は**庶民院**とよばれ、議員は国民の直接選挙によって選出される。下院で第一党となった政党の党首が国王によって首相に任命されるなど、**下院優越の原則**が採用されている。

[知識の整理]

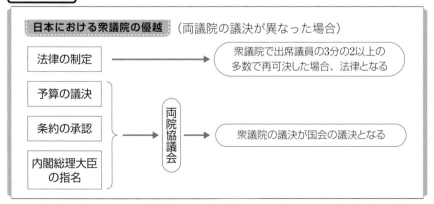

日本における衆議院の優越 （両議院の議決が異なった場合）

法律の制定 → 衆議院で出席議員の3分の2以上の多数で再可決した場合、法律となる

予算の議決
条約の承認
内閣総理大臣の指名 〉両院協議会 → 衆議院の議決が国会の議決となる

問1　【日本の雇用環境とその変化】　23　正解：②　やや易

>必要な知識　日本の雇用環境

　ア：「年功序列型の賃金」が入る。日本の伝統的雇用形態は、**終身雇用制**、**年功序列型賃金**、そして**企業別労働組合**である。

　イ：「**裁量労働制**」が入る。空欄直前の「実際の労働時間に関係なく一定時間働いたとみなす」という記述がヒント。

知識の確認

日本の伝統的雇用形態とその変化

伝統的雇用形態	終身雇用制	年功序列型賃金	企業別労働組合
内　　容	一度採用した者を定年まで雇用	年齢や勤続年数に応じた賃金	企業ごとに**労働組合**を形成
現　　在	リストラの実施	**成果主義や能力主義**にもとづく賃金	労働組合の組織率の低下（約17％）

問2　【労働組合の活動】　24　正解：④　やや易

>必要な知識　日本の**労働組合法**

　a：正文。**パートタイマー**や**アルバイト**など**非正規雇用**の労働者にも**労働組合を結成する権利**（**団結権**）が認められている。

　b：正文。**団体交渉権**は、憲法が保障する労働者の権利。

　c：誤文。使用者が労働組合の経費を援助することは、組合組織の自立性を損なう行為として**不当労働行為**にあたる。

　＊予想問題・第3回／第7問／問2の解説を参照。

問3 【財政指標】　25 　正解：②　難 　思

>必要な知識< 財政指標の計算

　国債依存度とは、歳入に占める公債金の割合のことである。2017年度は約26%（16÷60×100）であるのに対して、2018年度は25%（19÷75×100）なので、国債依存度は低下している。

　①：「国債残高が減少した」が誤り。公債金とは国債発行額のことで、国債費とは国債を償却した額（すなわち、返済した額）である。したがって、公債金－国債費の値がプラスであれば国債残高は増えたことになり、マイナスであれば国債残高は減ったことになる。2017年度は20億ドル（16－14）であり、2018年度は20億ドル（19－17）であり、いずれもプラスであることから増加しているとわかる。

　③：「拡大した」が誤り。プライマリー・バランス（基礎的財政収支）は財政の健全化を示す指標で、（歳入－公債金）－（歳出－国債費）で求める。2017年度は－20億円（(60－16)－(60－14)）であるのに対して、2018年度は－20億円（(75－19)－(75－17)）であるので、変わっていない。

　④：「上昇した」が誤り。直間比率とは直接税と間接税の割合であるが、歳入項目のうち、直接税に当たるものが法人税と所得税、間接税に当たるものが酒税と消費税である。2017年度は、22：22＝1：1であるのに対して、2018年度は29：27＝1：0.93であるので、間接税の割合はやや低下している。

　知識の整理

さまざまな財政指標	
国債残高	償還（返済）されずに残っている国債の総額。新規国債の発行額（公債金）が償還額（国債費）を上回れば、国債残高は増えることになる
国債依存度	国の一般会計において、歳入総額に占める国債発行額（公債金）の割合をいう
プライマリー・バランス	歳入から公債金を引いたものから、歳出から国債費を除いたものを差し引いて求める。すなわち、（歳入－公債金）－（歳出－国債費）

問4 【不良債権問題】　26　正解：①　難

> 必要な知識　不良債権問題

　総資産に対する資本金の比率、すなわち**自己資本比率**が低下すると、**BIS**（国際決済銀行）**規制**を遵守するために、銀行は新たな貸し出しを抑制する傾向にある。

　②：誤文。**貸し渋り**とは、銀行の融資が消極的になることをいう。経済不況以前と比べて貸出債権の残高が減少しても、残った貸出債権を使って融資を行なえば貸し渋りは起こらなかったはずである。

　③：誤文。「預金に対する自己資本の比率」という点が誤り。自己資本比率とは、総資産に対する資本金の割合のことであり、BIS は、各国の市中銀行に対して、国際業務を遂行するには自己資本比率を 8％以上にすることを求めた。それが BIS 規制である。

　④：誤文。「高くなる」という点が誤り。資産から不良債権部分を取り除くと、預金に対する貸出債権の比率は低くなる。

問5 【国際通貨制度の変遷】　27　正解：②　標準

> 必要な知識　**国際通貨制度**の変遷

「すべての加盟国に自国通貨と金との交換を義務づけた」という記述が誤り。**IMF 体制**ではアメリカのドルだけが金と交換できる通貨であり、各国の通貨が金との交換を義務づけられているわけではない。**管理通貨制度**のもとでは、各国の通貨は、金との交換が保証されない**不換紙幣**である。

　①：正文。**為替切り下げ競争**（**為替ダンピング競争**）が激しくなるなか、世界経済はしだいに**ブロック経済**化していくことになり、それが第二次世界大戦を引き起こす原因の一つとなった。

　③：正文。ドルに対する各国の信用が落ち、各国はアメリカにドルを売り、金を持ち出し始めた。そのように、アメリカから大量の金が流出する状況を受けて、アメリカの**ニクソン**大統領は、**金・ドル交換停止**を発表した（**ニクソン・ショック：ドル・ショック**）。

　④：正文。毎年 1 回、**主要国首脳会議**（**G7、サミット**）が開催され、通貨・経済問題のみならず、**テロリズム**などの政治問題などについても協議が行なわれている。

> 必要な知識　とくになし

　ア：**a** が入る。「発展途上国・新興国への日本企業の進出」が日本や発展途上国・新興国にどのような影響を及ぼすかが問われている。日本企業が発展途上国・新興国へ進出することは、すなわち発展途上国・新興国にとっては外貨を導入することを意味するから、現地に進出した日本企業が生産したものが外国へ輸出されることによって、発展途上国・新興国の工業化が進展する。**b**「自国資本による輸入代替工業化の進展」は、発展途上国・新興国の企業が工業化を進展させるということを意味するから、日本企業の進出による発展途上国・新興国への影響とはいえない。

　イ：**d** が入る。「日本企業による部品供給と進出先での組立て」が日本および発展途上国・新興国にどのような影響を及ぼすかが問われている。日本企業が発展途上国・新興国に部品を供給するということは、日本の**中間財輸出比率**が上昇することを意味する。また、進出先である発展途上国・新興国で組立てること、すなわち製品化することは、日本と発展途上国・新興国間の工業製品の貿易においては、日本の**最終製品輸入比率**の上昇につながるはずである。

知識の整理

語句説明

最終製品輸入比率	輸入に占める製品の割合をいう。発展途上国・新興国で組立てたものが日本に輸入（逆輸入）されると仮定すれば、この比率は上昇する
中間財輸出比率	中間財（中間生産物）とは、最終財以外の財・サービスのことであるが、それが輸出に占める割合を中間財輸出比率という。日本企業による部品供給が増えれば、この比率は上昇する

問1 【民主主義における選挙の意義】 　29　 正解：① 標準

必要な知識 とくになし

　民主主義においては、選挙を実現させることがその国に民主的な政治体制を定着させるきっかけになるというのが、下線部の主旨である。①の「選挙を通じた政治参加を保障することで、国の統治に国民全体の意思を反映」させるという記述がそれに合致する。

　②・③・④は、いずれも下線部あるいは会話文の内容からは読み取れない。

問2 【日本の累積援助額の上位国の現状】 　30　 正解：② 標準 思

必要な知識 とくになし

　図は、2002 年の 5 か国平均値を 100 として、2015 年における「電力発電量」「平均寿命」「栄養不良の人口割合」の 3 つのうちいずれかを示している。

　ア：「電力発電量」が入る。アは、2015 年には 2002 年に比べて 2 倍以上増加している。「平均寿命」が 2 倍以上になることはありえない。また、「栄養不良人口の割合」については、2015 年には 2002 年に比べて低下しているだろうと推測できる。

　イ：「栄養不良の人口割合」が入る。イは、2002 年に比べ 2015 年のほうが低くなっている。3 つのうち、低下するとすればこの数値である。日本をはじめとした先進国からの援助によって、開発途上国の「栄養不良の人口割合」が多少低下している。

　ウ：「平均寿命」が入る。イで述べた理由と同じで、先進国からの援助によって多少上昇する可能性があるのは「平均寿命」である。

問3 【マイクロファイナンス】　　31　　正解：③　標準

必要な知識　マイクロファイナスとグラミン銀行

　　ア　：「無担保」が入る。**マイクロファイナンス（マイクロクレジット）** とは、**資料**にもあるように「貧困層や低所得層向けの少額融資などの金融サービス」のことである。この融資は貧困層や低所得者向けなので、「**無担保**」で行なわれる。ちなみに、**無担保ではあるが、無利子ではない。** 低金利が課されている。

　　イ　：「グラミン銀行」が入る。**グラミン銀行**は、バングラデシュの民間銀行で、1976年に**ムハマド・ユヌス**によって創設された。2006年には、グラミン銀行およびムハマド・ユヌスに対して、ノーベル平和賞が授与された。ちなみに、**アジアインフラ投資銀行（AIIB）** とは、中国が主導して2016年に開業した国際金融機関である。

問4 【日本の国際貢献を肯定する理由】
　　　　　　32　　正解：①　　33　　正解：④　標準

必要な知識　とくになし

　　ア　：①が入る。**日本国憲法**の前文で示されている**平和主義**や**国際協調主義**は、日本が積極的に国際貢献する理由として妥当である。②にある「日本国憲法の基本的人権の保障の内容」は、日本にいる外国人の人権保障を含むものではあるが、「他国における他国民の人権保障状況」に改善を求めていくことまでは含まない。

　　イ　：④が入る。「人類共通の利益と日本の利益とが無関係ではない」という点が決め手。国際貢献を行なうことが日本の利益にもつながるということは、国際貢献が日本の利益に照らしても望ましい。③にあるような「大事なのは、日本の利益より人類共通の利益」という観点は、日本の利益に照らして望ましい理由としてはふさわしくない。

予想問題
第1回
解答・解説

問 題番 号(配点)	設　問	解答番号	正　解	配　点	問 題番 号(配点)	設　問	解答番号	正　解	配　点
第1問(22)	I	1	1	2	3	第5問(16)	1	23	6	3
		2	2	5	3		2	24	6	3
		3	3	1	3		3	25	1	2
		4	4	2	3		4	26	2	2
	II	5	5	3	3		5	27	2	3
		6	6	2	2		6	28	3	3
		7	7	1	2	第6問(16)	1	29	3	2
		8	8	3	3		2	30	3	3
第2問(9)	I	1	9	4	2		3	31	4	3
		2	10	3	3		4	32	2	3
	II	3	11	2	2		5	33	4	3
	III	4	12	3	2		6	34	1	2
第3問(10)		1	13	1	3	第7問(10)	1	35	3	3
		2	14	4	2		2	36	3	2
		3	15	3	2		3	37	4	3
		4	16	1	3		4	38	4	2
第4問(17)	I	1	17	5	3					
		2	18	2	3					
		3	19	1	3					
		4	20	3	3					
	II	5	21	1	2					
	III	6	22	4	3					

Ⅰ
問1 【葛藤の類型】　　1　　正解：②　　　

必要な知識　葛藤の類型に関する整理

　葛藤（コンフリクト）とは、同時に成り立ちえない、衝突する2つ以上の欲求を実現させようと苦しむことである。問題文にあるように、その基本的な類型は以下のとおり。

ⅰ	接近－接近型	「したい」という欲求と、「したい」という欲求が衝突する状態
ⅱ	接近－回避型	「したい」という欲求と、「したくない」という欲求が衝突する状態
ⅲ	回避－回避型	「したくない」という欲求と、「したくない」という欲求が衝突する状態

　ア：ⅲ「回避－回避型」に当たる。「大学院へ行って専門的な研究を続けたいとは思わない」という欲求と、「企業に就職して働きたいとも思わない」という欲求が衝突している。

　イ：ⅱ「接近－回避型」に当たる。「作家になりたい」という欲求と、「親に心配をかけることは避けたい」という欲求が衝突している。

　ウ：ⅰ「接近－接近型」に当たる。「大企業に就職して安定した豊かな生活を営みたい」という欲求と、「父の会社を継ぎたい」という欲求が衝突している。

　したがって、「**接近－回避型**」に分類されるのはⅱの**イ**のみ。

＋αの知識

やまあらしのジレンマ

　ドイツの哲学者**ショーペンハウアー**による寓話。ある冬の寒い日に、やまあらしどうしが身体を温め合うために近づくが、近づくと相手のトゲが刺さってしまうためお互いに離れる、という状況の繰り返し。**接近－回避型**の事例。

問2 【図表：情報通信機器の世帯保有率の推移】

▷必要な知識◁ とくになし

a：「固定電話」が入る。ほかの情報通信機器に比べて高い保有率を維持しているものの、スマートフォンなどの普及によって一貫して下降傾向にある点から判断する。

b：「スマートフォン」が入る。一貫して上昇している点から判断する。図から、2016年以降には固定電話の保有率を超えていることがわかる。

c：「タブレット型端末」が入る。スマートフォンに比べて保有率は低いものの、スマートフォンと同様に保有率が上昇傾向にある点から判断する。

問3 【ハーバーマスの対話的理性】 3 正解：① 標準

▷必要な知識◁ **ハーバーマスの対話的理性に関する理解**

フランクフルト学派の一人である**ハーバーマス**は、近代の理性が、目的実現手段として有効かどうかを判断するための**道具的理性**でしかなかったことを批判し、本来の理性とは、正しい根拠にもとづいて意見を述べ合い、互いに納得できる合意に達しようとするときにはたらく**対話的理性（コミュニケーション的合理性）**であるべきだと考えた。

②：誤文。**創造的知性（実験的知性）**は、**プラグマティズム（実用主義・有用主義）**提唱者の一人である**デューイ**が示した概念。創造的知性とは、人間が生活上の困難に直面した場合に、解決方法を模索し、身の回りの環境に適応するために必要とする知性。

③：誤文。「自分の意見をなるべく言わず、」「その矛盾や論理の脆弱性を見つけることに終始する」という点は、先述のとおり、コミュニケーションを重視するハーバーマスの考えとはまったく異なる。

④：誤文。「対話する相手が自分よりも目上であるかどうか」で態度を変えることは、先述のとおり、ハーバーマスが提唱した対話的理性のあり方とは異なる。なお、目上に無批判に従う一方、目下には高圧的な態度をとりがちな現代人の特質を「**権威主義的パーソナリティ**」という。フランクフルト学派の**ホルクハイマー**や**アドルノ**によって痛烈な批判の対象となった。

フランクフルト学派

思想家	主著	思想内容
ホルクハイマー／アドルノ	『啓蒙の弁証法』（共著）	近代における啓蒙化の過程は野蛮から文明への進歩ではなく野蛮への回帰であり、その現実態こそまさしく**ナチス**による**ユダヤ人の虐殺（ホロコースト）**であった。ナチスの蛮行の原因は、**ファシズム**に追従しようとしたドイツ国民の**権威主義的パーソナリティ**にある
フロム	『自由からの逃走』	孤独と無力感に苦しむ人間は、自由を重荷に感じ、自由から解放されることを望むようになる。ナチスによる蛮行にドイツ国民が無批判に追従した背景にも、このような心理があった
ハーバーマス	『公共性の構造転換』	人びとがコミュニケーションをとるさいに作用する**対話的理性**の重要性を説いた

問4 【資料：メルロ・ポンティ】 　4　 **正解**：② 標準 思

必要な知識 とくになし

　資料の2文目／3文目「問いとは、人間の生と人間の歴史の内側に属するものであり、ここで生まれ、ここで死ぬ。問いに解答が見つかると、問いそのものが姿を変えてしまうことも多い」という記述に合致する。

　①：誤文。資料の1文目「哲学とは、問いを提起し、この問いに答えることで、欠けていた空白部分が少しずつ埋まっていくというような性質のものではない」という記述に沿わない。

　③：誤文。資料の5文目「いずれにせよ、空虚な欠落部分に到達するのは、経験と知の一つの過去である」という記述に沿わない。

　④：誤文。資料の7文目「哲学は問いの起源と意味を探るために、答えの意味、問い掛ける者の身分を探るために、文脈に立ち戻る」という記述に沿わない。

Ⅱ
問5 【資料：セネカ】 　5　 **正解**：③ やや易 思

分析編

解答・解説編

2021年（第1日程）

予想問題・第1回

予想問題・第2回

予想問題・第3回

資料の趣旨は、次のとおり。

ⅰ：怒りは、それを感じる本人がみずから招いてしまっている

ⅱ：人は行為だけを評価するが、大切なのは、それをした行為者の心である

ⅲ：心の中に生まれた怒りに耐えることが人間的であり、また有益である

正解は③。怒りの原因が行為者本人であるという点がⅰの内容に合致する。

①：誤文。ⅰの内容に沿わない。

②：誤文。「怒りをあえて招き入れることによって」という記述が誤り。**資料**は、そのような態度を批判的に論じている。

④：誤文。この記述は、ⅲの内容に沿わない。

＋αの知識

セネカ

ローマ時代に活躍した**ストア派**の思想家。魂と肉体を区別し、肉体がどれほど不幸であっても、魂はよく生きることができると考えた。皇帝ネロの師でもあったが、のちに謀反の嫌疑をかけられて自決した。

問6 【防衛反応（防衛機制）】　　6　　正解：②　やや易

／必要な知識＼　**防衛反応（防衛機制）に関する知識**

ⓑの直後の記述「つらい記憶を思い出させないように忘れたふりをする」がヒント。社会的に望ましくない欲望や不快な記憶を思い出させないようにする心のはたらきを「抑圧」という。

知識の整理

防衛反応（防衛機制）の例	
抑圧	記憶を忘却する（怖い経験が思い出せない）
合理化	コンクールで入賞できなかったとき、審査員の見る目がなかったと考える
同一視	出身校自慢。自分の母校から有名人が出ていると言って、自分のすごさを誇張する
投射	自分の否定的感情を他人に転嫁する。アイツは自分のことをきらっている（実際には、自分がアイツのことをきらっている）
反動形成	自分の気持ちとは正反対の行動をとる（好意をもっている異性に意地悪をする）

代償	類似の欲求を求める（イヌが飼えないため、イヌのぬいぐるみをかわいがる）
昇華	社会的価値の高い欲求を求める（失恋を機に、勉強に打ち込んで難関校に合格する）
逃避	つらい現実から目をそむけて、空想の世界に逃げ込む
退行	幼児化することで問題を解決しようとする

+αの知識

フロイトが解明した心のメカニズム

イド（エス）	本能や快楽を追求する
スーパーエゴ	倫理的なはたらきをする
自我（エゴ）	イドとスーパーエゴの衝突を調節する（**防衛機制**のはたらきをする）

問7 【イエスが説く愛】　　7　　**正解**：①　やや易

必要な知識　　**イエス**の思想に関する知識

　メモは、**イエス**が説いた**山上の垂訓**（山上の説教）。イエスが説いた**愛**は、神による無差別で平等な愛である**アガペー**と、それに倣い、人間どうしでも互いに愛し合うという**隣人愛**からなる。

　　a　：隣人愛は、隣の人を愛することを意味しない（隣の人、つまり自分の家族や恋人、友人を愛するのは当たり前である）。イエスが説いた隣人愛とは、敵もまた隣の人を愛するように愛せ、という意味である。

　　b　：**ユダヤ教**では、神の愛は**イスラエル人**のみに注がれると考えられていた（選民思想）が、イエスは、それを批判し、神による愛は無差別で平等な愛だと説いた。したがって、「悪い者の上にも良い者の上にも」が入る。

知識の整理

イエスの教え

アガペーと隣人愛	神による無差別で平等な愛であるアガペーに倣い、どんな立場にある者どうしでも互いに愛し合えという隣人愛を説いた

分析編

解答・解説編

2021年（第1日程）

予想問題・第1回

予想問題・第2回

予想問題・第3回

律法の内面的遵守	ユダヤ教の形式的な**律法主義**を批判し、律法をただ形式的にしか守っていないユダヤ教徒に対し、律法を内面から守ることの重要性を説いた

問8 【キリスト教の世界宗教化】　　8　　**正解**：③　　標準

▷必要な知識◁　**キリスト教**の発展に尽力した人びとに関する知識

ア：誤文。「信仰ではなく、律法の行ないによるという厳格な律法主義を唱えた」という記述が誤り。**パウロ**は、最初は**ユダヤ教**の**パリサイ派**であったが、**イエス**の教えを知って**回心（かいしん）**してからは**律法**の内面的遵守を訴えた。

イ：誤文。「人間の自由意志のみが必要である」という記述が誤り。**アウグスティヌス**は、人間を救済するのは神の**恩寵（おんちょう）**のみであると説き、救済を求める人間の**自由意志**は不要であると考えた。

ウ：正文。トマス・アクィナスは信仰と理性の調和を図り、信仰によって受け入れられる真理は人間の理性を超えたものであるとして、信仰優位の調和を説いた。

知識の整理

キリスト教の世界宗教化に貢献した人物

アウグスティヌス	著書に『**告白**』『**神の国**』などがある。「最大の**教父（きょうふ）**」と呼ばれる。先述の「**恩寵**」とともに、「父なる神」「子なるイエス」「聖霊」が一体であるという**三位一体説（さんみいったいせつ）**を唱えた。プラトン哲学からの影響を受け、**知恵・勇気・節制・正義**のギリシャ四元徳の上位に、**信仰・希望・愛**というキリスト教三元徳を位置づけた
トマス・アクィナス	著書に『**神学大全**』がある。アリストテレス哲学の影響を受け、**スコラ哲学**を大成させた。理性と信仰の関係について**信仰優位**の調和を説くとともに、人間の理性から導き出された自然法を人間社会の根本規範としてとらえた

+αの知識

新プラトン主義

3〜6世紀のローマにおいて起こった、プラトン哲学を見直す動き。その創始者である**プロティノス**は、すべてのものの根源には**一者（ト・ヘン）**があり、いっさいのものはその一者から流出すると考えた。万物は、一者から生じ、一者であり続ける。一者であり続けることが人間の幸福である。

問1 【資料：古代日本人の信仰】　　9　　**正解**：④　やや易　思

必要な知識　とくになし

　資料からは、人間が自然や神にかかわろうとしたり、自然や神が人間にかかわろうとしたりするように、人間と自然と神の関係性はさまざまであり、流れる方向性も一定ではないという、古代日本人の自然観が読み取れる。この内容に沿っているのは④。

　①：誤文。「人間が自然や神にかかわることを認めていな」いという記述は、**資料**の内容に沿わない。

　②：誤文。「自然や神が人間にかかわることはありえない」という記述は、**資料**の内容に沿わない。

　③：誤文。「流れる方向は決まっている」という記述は、**資料**の内容に沿わない。

問2 【日本文化❶】　　10　　**正解**：③　標準

必要な知識　日本文化の特徴に関する理解

　掲載されているのは、京都にある龍安寺石庭の写真。先生の指摘にあるように、長方形の庭に大小 15 の石が配置されている。ただし、その配置は「非対称」である。また、水を用いずに砂と石だけで自然の生命を表現するところに「無常の美」が表されている。したがって、日本の文化の特徴を示す　**a**　には「非対称性・無常の美」が入る。

　他方、西洋の文化の特徴を示す　**b**　には「対称性・統一感」が入る。ギリシャのパルテノン神殿など、完全な対称ではないものの、西洋には対称性をとり入れた建物が数多くあり、統一性＝秩序を重んじる気質がみられる。

　なお、日本人の自然観を示す　**c**　には「アニミズム」が入る。**アニミズム**とは、自然の中に霊魂の存在を認める考え方。古代日本人は、自然の中に「八百万神」と言われるさまざまな神を見いだした。「シャーマニズム」とは呪術による宗教的形態であり、古代日本人の文化を示すものであるが、自然観とは異なる。

分析編

解答・解説編

2021年（第1日程）

予想問題・第1回

予想問題・第2回

予想問題・第3回

問3 【日本文化❷】 ┃ 11 ┃ 正解：② やや易 思

⟩必要な知識⟨ ベネディクトによる日本文化に関する理解

　レポートは、ベネディクトによる日本と西欧の文化の対比の考え方について柳田国男（やなぎたくにお）が批判した内容を表している。

　┃ a ┃・┃ b ┃：ベネディクトは、世間に対する恥の意識が日本人の行動基準の一つになっていることを「恥の文化」と表現し、西欧人が個人の良心にもとづいて行動する「罪の文化」と対比した。

　┃ c ┃～┃ f ┃：これに対して、柳田は、日本人のほうが「罪」の意識を強くもっていると反論している。日本語においても、「ツミ」という言葉は頻繁に使われているという。柳田は、「恥の文化」は大きく変わる可能性がある一方で、「罪の文化」はこれからも日本人の生活に息づいていくと述べている。

　┃ a ┃には「恥の文化」、┃ b ┃には「罪の文化」、┃ c ┃には「恥の文化」、┃ d ┃には「罪の文化」、┃ e ┃には「恥の文化」、┃ f ┃には「罪の文化」がそれぞれ入る。

┏━━━━━━━━━┓
┃ 知識の整理 ┃
┗━━━━━━━━━┛

> **日本人の人間観**
> ● 本音と建前
> ● ウチとソト
> ● 日本：恥の文化 ⬄ 西洋：罪の文化（ベネディクト『菊と刀』より）
> ● タテ社会（中根千枝（なかねちえ）『タテ社会の人間関係』より）

問4 【日本仏教】 ┃ 12 ┃ 正解：③ やや難

⟩必要な知識⟨ 日本仏教に関する理解

　┃ a ┃：「弥勒菩薩（みろくぼさつ）」が入る（イラストは、広隆寺半跏思惟像（こうりゅうじはんかしゆいぞう））。弥勒菩薩は、この世で釈迦牟尼（しゃかむに）に次いで現れる未来仏。写真から判断できるのが望ましいが、それができない場合には消去法で「大日如来（だいにちにょらい）」をはずすしかない。大日如来は、とくに真言宗（しんごんしゅう）では宇宙の根本仏とされている仏であるが、ここでは当てはまらない。

　┃ b ┃：「大乗仏教」が入る。空欄の直後に「広く普及した中国・朝鮮・日本」とあるのがヒント。大乗仏教は、インドからそれらの地域に広まったという点から「北伝仏教」とも呼ばれる。これに対して、上座部仏教は、タイやミャンマーなどに広まったという点から「南伝仏教」とも呼ばれる。

大乗仏教と上座部仏教

：いずれも、教団分裂後に起こったという点で「**部派仏教**」と呼ばれる。

名　　称	大乗仏教	上座部仏教
別の名称	北伝仏教	南伝仏教 声聞乗・小乗 ＊いずれも、大乗仏教側による 上座部仏教への蔑称。
修行の目的	利他：他者の救済	自利：自己の悟り
修行者がめ ざす段階	菩薩：衆生の救済をめざす 修行者	阿羅漢：修行の完成者
布教地域	中国、朝鮮、日本など	タイ、ミャンマーなど

大乗仏教の思想家：諸行無常（四法印の一つ）を独自に解釈

竜樹 （ナーガールジュナ）	空：すべての存在には実体がない
世親 （ヴァスバンドゥ）	唯識：物の表れは心の表象である

問1　【ルネサンス期の文化❶】　　13　　正解：①　標準

必要な知識　**ルネサンス期の文化に関する理解**

　ルネサンス期において理想とされた人間像は、どの分野においても才能がひいでている**万能人（普遍人）**であった。**レオナルド・ダ・ヴィンチ**は、「モナ・リザ」「最後の晩餐（ばんさん）」などの絵画を描いたことで有名であるが、それだけにとどまらず、数学や物理学など自然科学においても業績を残した万能人。

　②：誤文。**ラファエロ**が「**アテネの学堂**」を描いたことは事実であるが、「手を水平に差し出し」た姿で描かれているのは、**理想主義のプラトン**ではなく、**現実主義のアリストテレス**である。プラトンは、「天に指さす姿」で描かれている。

　③：誤文。**マキャヴェリ**が『**君主論**』で述べた理想の君主は、ライオンのような強さとキツネのような狡猾（こうかつ）さを備えた者。なお、人間を「無限と虚無とのあいだを揺れ動く**中間者**」としてとらえたのは**パスカル**。

　④：誤文。「**私有財産制**のない理想的な平等社会における人びとの生活ぶりを具体的に示し、反語的（アイロニカル）に当時の社会を批判した」のは、『**ユートピア**』を著した**トマス・モア**である。

問2　【ルネサンス期の文化❷】　　14　　正解：④　やや易

必要な知識　**ルネサンス期の文化に関する理解**

「**ルネサンス**」は、フランス語で「**再生**」を意味する。14〜16世紀のヨーロッパでは、人間性の回復をめざして神や教会の権威から解放されるために**ヒューマニズム（人間中心主義）**が唱えられ、ありのままの人間の姿を描く**ギリシャ・ローマ古典文化**を復興しようという運動が起きた。この運動がルネサンスであり、「**文芸復興**」と訳される。

　①「絢爛豪華（けんらんごうか）」、②「矮小化（わいしょうか）」、③「神によって権威づける」は、いずれもありのままの人間を描く姿勢とは異なるので誤り。

ルネサンス期のまとめ

- 芸術・文学
  - ：画法に遠近法（人間中心主義の表れ）を採用。万能人（普遍人）を理想とする

レオナルド・ダ・ヴィンチ	「モナ・リザ」「最後の晩餐」
ミケランジェロ	「最後の審判」「ピエタ」
ラファエロ	「アテネの学堂」
ダンテ	『神曲』
ボッカチオ	『デカメロン』

- 思想：神からの人間の自立をめざす

思想家	主著	内容
エラスムス	『痴愚神礼讃』	贖宥状（免罪符）を発行する教会を風刺
	『自由意志論』	自由意志を強調 ＊アウグスティヌスが唱えた「恩寵説」と対比
ピコ・デラ・ミランドラ	『人間の尊厳について』	自由意志を強調
マキャヴェリ	『君主論』	（政治的）目的のためには（宗教的）手段を選ばない。すぐれた君主は、ライオンのような強さと、キツネのような狡猾さをもつ

問3 【カルヴァンの思想】　15　正解：③　やや易

必要な知識　カルヴァンの思想に関する理解

　a：「摂理」が入る。「摂理」とは、神が定めた計画。カルヴァンによると、神はその摂理においてあらかじめ救済する人間を決めている。この考えを「予定説」という。

　b：「ただ神による救済を信じるしかない」が入る。人間は、神の摂理を知ることも変えることもできない。だから、救済を信じるしかないというのがカルヴァンの考え方である。

予定説と職業召命観

　カルヴァンが唱えた「職業召命観」とは、職業は神から与えられた使命であるという考え方である。

　ここで問題となるのは、神から与えられた職業に懸命に励めば救済されるのかどうかということである。結論から言うと、「No」である。予定説にもとづくと、救済される予定がない人間は救済の対象とならないからである。

　では、どうして職業に励む必要があるのか。救済の対象となる人間がリスト化されている神の摂理を、私たちは知ることはできない。つまり、私たちは、自分が救済されるのかどうかがわからない。だから、神から与えられた職業に懸命に励むことで救済の確信を深めるしかない。つまり、私たちは、「自分は救済されるはずである」と信じて生きていくしかないのである。

問4 【資料：マックス・ウェーバーの思想】　　16　　正解：①　標準　

必要な知識　とくになし

　資料では、「禁欲」ないし「キリスト教的禁欲」が「行動的禁欲」としてとらえられている。つまり、たんに欲望を抑えてやりたいことをやらないという「非行動的な態度」ではなく、何かの目的のために自分のエネルギーをすべて注ぎ込むことが「禁欲」であり、「キリスト教的禁欲」である。

　ア：正文。大学合格という目的のためにほかの欲望を抑えて受験勉強に励むという行為には、目的と行動がともなっている。

　イ：誤文。これは、欲望を抑えること自体を目的とし、何も行動しない「非行動的な態度」の例である。

　ウ：誤文。これは、あらゆる欲望を抑えようとしないという点で「禁欲」ですらない。

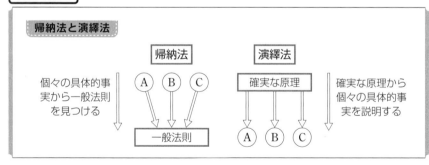

第４問 西洋思想❷── 近代哲学の芽生え 標準

問１ 【近代哲学】 17 正解：⑤ 標準

〉必要な知識〈 近代哲学の特徴に関する知識

　 a ：イが入る。**ローマ・カトリック教会**はプトレマイオスの**天動説**（地球中心説）、すなわち地球を中心に太陽が回っているという考えを採用していたのに対して、**ガリレイ**はみずからの観測にもとづいて**地動説**（太陽中心説）を唱えた。その後、ガリレイは**宗教裁判**にかけられ、地動説を撤回させられる。

　 b ：ウが入る。**ベーコン**が唱えた**帰納法**は、**実験や観察**から得られた個々の事実から一般法則を導き出すという考え方。ちなみに、エは、**デカルト**が唱えた**演繹法**の説明である。

　 c ：カが入る。**デカルト**は、それまで自明とされてきたさまざまなものを理性にもとづいて疑った（**方法的懐疑**）。そして、唯一確実な真理を発見する。それは、「疑っている私がここに存在する」ことであり、それだけは疑いえない真理だと考えた（「**われ思う、ゆえにわれあり**」）。疑っている私の存在を疑えばその疑った結果も疑わなければならなくなり、トートロジー（循環論）に陥ってしまうからである。

知識の確認

> **帰納法と演繹法**
>
> 帰納法　　　　　　　　演繹法
>
> 個々の具体的事　Ⓐ Ⓑ Ⓒ　　確実な原理　　確実な原理から
> 実から一般法則　　　　　　　　　　　　　個々の具体的事
> を見つける　　　　　　　　　　　　　　　実を説明する
>
> 　　　　　　　一般法則　　　　Ⓐ Ⓑ Ⓒ

問２ 【宗教改革】 18 正解：② やや易

〉必要な知識〈 **宗教改革**に関する知識

　 a ：「**贖宥状の購入を条件に**」が入る。**ローマ・カトリック教会**は、信者に**贖宥状**を購入させ、信者から集めた金を使って教会を修復したりしていた。

　 b ：『**痴愚神礼賛**』が入る。ちなみに、『**キリスト者の自由**』はルタ

一の著書。

c ：「神を信仰することによってのみ」が入る。ルターは、人は「信仰のみ」によって義として認められる、すなわち救済されるという**信仰義認説**を唱え、贖宥状の購入を条件とした救済をうたうローマ・カトリック教会を批判した。

> **知識の確認**

> **宗教改革**
>
> | | |
> |---|---|
> | ローマ・カトリック教会
vs. ルター | 贖宥状の購入を条件に救済するという**ローマ・カトリック教会**に対して**ルター**は、「**信仰のみ**」により救済されるという**信仰義認説**を唱えた |
> | エラスムス vs. ルター | **エラスムス**が、人間には自己の生き方を決める**自由意志**があると強調したのに対して、**ルター**は自由意志を否定し、人間は神の**恩寵**によってのみ生かされていると説いた |

+α の知識

宗教改革の当事者たち

ローマ・カトリック教会、エラスムス、ルターの三者の中で、伝統的なキリスト教の教義に最も忠実だったのはだれだろうか。

本来であれば、それはローマ・カトリック教会であるべきだろうが、贖宥状を発行したという点からは伝統に忠実だとは言えないだろう。また、エラスムスも、中世に否定された自由意志論を唱えたという点からはそう言うことができない。じつは、キリスト教の伝統的な教義に最も近い立場をとっていたのはルターであった。「信仰義認説」や「恩寵」などの考え方は、パウロやアウグスティヌスが唱えた伝統的なキリスト教の教義そのものである。したがって、ルターが行なった活動を「宗教改革」と呼ぶのは、本来であれば適当ではない。むしろ、ルターは、キリスト教の原点に回帰しようと活動していたのである。

問3【イギリス経験論】 **19** **正解：①** 標準

> **必要な知識** **イギリス経験論**に関する知識

a ：「ロック」が入る。この場合、「バークリー」も**イギリス経験論**の思想家であるから選ばれる可能性があるが、 **b** には「白紙」か「知覚の束」しかなく、いずれもバークリーの言葉ではないため、ここでは選べない。

b ：「白紙」が入る。**ロック**は、人の心は**白紙（タブラ・ラサ）**で

あり、いっさいの知識は経験から獲得されると考えた。

　　c　：「知覚の束」が入る。**ヒューム**は、すべての事象・事物は観念からなると考え、人間の心もたんなる「**知覚の束**」にすぎないと考えた。

分析編

解答・解説編

2021年第1日程

予想問題・第1回

予想問題・第2回

予想問題・第3回

知識の確認

イギリス経験論

思想家	主　著	思想内容
ベーコン	『ノヴム・オルガヌム（新機関）』	• 帰納法　＊　17　の解説を参照 • 「知は力なり（人間の知識と力は合一する）」 • イドラ（偏見や思い込み）の排除 　○ 種族のイドラ：感覚の誤り（例　錯覚）◀すべての人間がもつ 　○ 洞窟のイドラ：個人の生い立ちに由来する◀個々人によって異なる 　○ 市場のイドラ：人間どうしの交わりで生じる（例　言葉による誤解） 　○ 劇場のイドラ：伝統や権威に由来する（例　「先生の言うことは正しい」）
ロック	『市民政府二論』	人間の心は何も書かれていない白紙（タブラ・ラサ）。すべての知識は経験から始まる
バークリー	『人知原理論』	「存在するとは知覚されることである」
ヒューム	『人間本性論』	すべての事物・事象は観念からなる。人間の心さえも「知覚の束」にすぎず、自我が存在するというのもたんなる思い込みである

問4【大陸合理論】　　20　　**正　解**：③　標準

必要な知識　**大陸合理論**に関する知識

　ア：正文。**デカルト**が唱えた**物心二元論**に関する説明。デカルトは、精神と身体（物体）は別個に独立して存在すると考えた。

　イ：誤文。**スピノザ**は汎神論を唱え、すべての事物は神のもとにあり、神はすべての事物にある（**神即自然**）と考えた。

　ウ：誤文。「原子」を「**単子（モナド）**」に換えると正文となる。

大陸合理論

思想家	主　著	思想内容
デカルト	『方法序説』 『省察』 『情念論』	• 演繹法　＊ 17 の解説を参照 • 「われ思う、ゆえにわれあり（コギト・エルゴ・スム）」：疑っている私がここに存在することだけは疑えない（哲学の第一原理） • 物心二元論：思惟の主体である自我（精神）と、その延長・広がりの主体である物体（身体）は、別個に独立して存在する • 高邁の精神：欲望や悲しみといった情念は理性によって支配される
スピノザ	『エチカ』	汎神論：神はすべての事物のうちにあり、事物はすべて神のうちにある
ライプニッツ	『モナドロジー（単子論）』	世界は分割不可能な精神の実体である単子（モナド）からなり、モナドのはたらきによって全体が調和するように定められている

問5 【モラリスト】　　21　　 正解 ：① 標準

必要な知識 　モラリストに関する知識

　フランスのモラリストであるモンテーニュは、『エセー（随想録）』の中で「私は何を知るか（ク・セ・ジュ）」と述べた。これは、自分自身に謙虚になり、既成の独断や偏見を打ち砕いてさまざまな人間の生き方や考え方を学ぶことの重要性を示している。

　②：誤文。モンテーニュは、神の存在を否定していない。

　③：誤文。パスカルは、人間を虚無と無限のあいだに位置する中間者としてとらえた。

　④：誤文。「繊細の精神」と「幾何学的精神」の説明が逆である。

モラリストのまとめ

思想家	モンテーニュ	パスカル
信　条	神への信仰	
主　著	『エセー（随想録）』	『パンセ（瞑想録）』
有名な言葉	「私は何を知るか（ク・セ・ジュ）」	「人間は考える葦である」
立　場	懐疑主義（いまの自分を疑う）	● 繊細の精神：宗教・道徳 ● 幾何学的精神：科学

+αの知識

パスカルのデカルト批判

　パスカルは、著書『パンセ』の中でデカルトを激しく批判している。「役立たずであやふや」「わたしはデカルトを許せない」など。デカルトは、演繹法を用いて神の存在を証明したことで知られるが、敬虔なクリスチャンであるパスカルにはそれが許せなかったのだろう。神が存在することは当たり前であって、それを証明してみせるなど神への冒瀆だと考えたのかもしれない。

問6 【資料：ミル『自由論』】 　22　  正解：④

必要な知識 　とくになし

　資料の後半部分に、「ある意見が真理である場合は、〜根絶されても、時代を経ていく中で、たいていはその真理を再発見する人が出てくる…抑圧の企てすべてに耐え抜いていける」とある。

　①：誤文。資料の冒頭に、「真理には、たんに真理であるというだけで、誤謬ではない本来的な力があり〜（それは）根拠のない感傷的な言葉でしかない」とある。

　②：誤文。資料の前半に、「人々は誤謬に熱中することはあっても、真理にはさほど熱中しない」とある。

　③：誤文。資料の中ほどに、「法的な刑罰や、あるいは社会的な刑罰でさえ、十分に用いれば、たいていは真理の普及も誤謬の普及も食い止めることができる」とある。

イギリス功利主義

思想家	ベンサム	ミル
有名な言葉	「最大多数の最大幸福」	「満足した豚であるよりは不満足な人間であるほうがよく、満足した愚か者であるよりは不満足なソクラテスであるほうがよい」
立場	**量的功利主義**：個人の快楽は計算できる	**質的功利主義**：個人の快楽は個人によって異なるので、計算できない
罰に対する考え方	**外的制裁（サンクション）**：法律などによる制裁	**内的制裁**：**良心**にもとづく制裁
望んだこと	万民平等の社会観：貧困者救済、囚人の待遇改善、平等選挙などの実現	人間全体が同質の幸福を実現することはできないとしながらも、女性の参政権を認める法案を作成

分析編

解答・解説編

2021年(第1日程)

予想問題・第1回

予想問題・第2回

予想問題・第3回

第5問　近代民主政治の発展　標準

問1 【法の支配】　23　正解：⑥　やや易

〉必要な知識〈　**法の支配**の特徴に関する知識

　　a　：アが当てはまる。「朕は国家なり」は、絶対君主による恣意的（しいてき）支配を正当化する、フランスの絶対君主ルイ14世の言葉。

　　b　：エが当てはまる。**王権神授説**（おうけんしんじゅせつ）とは、国王の命令は神から授かったものであるから民衆は絶対に服従せよという考え方。**フィルマーやボシュエ**が有名。

　　c　：ウが当てはまる。13世紀イギリスの裁判官である**ブラクトン**が残した「**国王といえども神と法のもとにある**」という言葉を用いて、17世紀に、**クック（コーク）がジェームズ1世**の専制政治を批判した。

　　d　：イが当てはまる。イギリスにおいては、国王は象徴的な存在にすぎないことを表している。

知識の確認

法の支配と法治主義

	特　徴	国と日本の憲法
法の支配	法の民主的な内容を重視：権力者を拘束する	イギリス、アメリカ、日本国憲法
法治主義	法の形式面を重視：適正な手続きに従う	（戦前の）ドイツ、大日本帝国憲法

+αの知識

法治主義の正確な意味

　法治主義は、厳密には形式的法治主義と実質的法治主義に分類され、先述した、戦前のドイツで発達した法治主義は形式的法治主義である。実質的法治主義には、法律は人権を保障する内容でなければならないという要請が含まれており、その点では法の支配と同じ意味で使われる。

問2 【国民主権】　24　正解：⑥　やや難　思

〉必要な知識〈　**国民主権**の2つの側面に関する理解

　国民主権には、国の政治のあり方を最終的に決定する権力が国民にあるという「権力的契機」と、国家権力行使を正当づける究極的な権威は国民

に存するという「正当性の契機」の2つの側面がある。

　レポートでは、人民が代表者を選び、代表者が主権を行使するという**間接民主制**の採用が背景にあるとされている。権力的契機は、**直接民主制**であろうと間接民主制であろうと前提とされることである。ここでは、間接民主制によって選ばれた代表者の権力行使を正当化すると指摘されているので、　**Y**　にはイ「正当性の契機」が当てはまる。

　次に、**憲法上の措置の例**については、間接民主制にもとづく例を選ぶことになる。「正当性の契機」にもとづき選挙によって選ばれた代表者が権限を行使しているのは、**b**の衆参両議院による「**国政調査権**」の例である。

　a：「**国民投票**」は、ア「権力的契機」にもとづく措置。また、**c**：「**天皇の国事行為**」、**d**：「**文民統制（シビリアン・コントロール）**」は、いずれも国民主権とは関係がない。

> ┃ **知識の確認**
>
> ┌─────────────────────────────────┐
> │ **日本国憲法において採用されている直接民主制** │
> │ ● 最高裁裁判官に対する**国民審査**（第79条） │
> │ ● 憲法改正の**国民投票**（第96条） │
> │ ● 特別法の**住民投票**（第95条） │
> └─────────────────────────────────┘

問3 【資料：権力分立制】　　25　　**正解：①**　標準

┃ **必要な知識**　**権力分立制**に関する知識

　まず、資料に『**統治二論**』とあるため、思想家の名前として**ロック**を選ぶ。また、ロックが議会優位の**権力分立制**を唱えたという知識はもっておかなければならない。そこから、　**a**　には「立法権が最高権なのである」が入るとわかる。ちなみに、**モンテスキュー**は、『**法の精神**』の中で、**立法権・行政権・司法権**が相互に**抑制と均衡**を保ちながら統治すべきであるという**三権分立**を唱えた人物。

┃ **知識の確認**

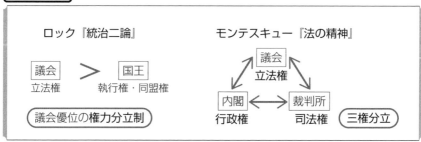

問4 【社会契約説】 26 正解：② 標準 思

> 必要な知識 社会契約説に関する知識

　社会契約説を唱えたおもな思想家には**ホッブズ、ロック、ルソー**がいるが、彼らの思想は、「人が生まれながら当然に有する権利」（**自然権**）があることを前提にしていた。

　①：誤文。ホッブズは、国家が成立する以前の状態（**自然状態**）を「**万人の万人に対する闘争状態**」としてとらえていたが、ロックやルソーはむしろ平和な状態としてとらえていた。

　③：誤文。**抵抗権**（革命権）を行使できると考えたのはロック。一方、自然権を主権者に譲渡すべきだと考えたホッブズは、抵抗権の行使には消極的であった。

　④：誤文。ロックやルソーは**絶対王政**を完全に否定していると言えるが、ホッブズは結果的に専制政治を擁護しており、絶対王政を完全に否定しているとは言えない。

> 知識の確認

社会契約説を唱えた思想家

思想家	ホッブズ	ロック	ルソー
主　著	『リヴァイアサン』	『統治二論』	『社会契約論』
自然権	自己保存権	自由権 （財産権を肯定）	自由権 （財産権を否定）
自然状態	万人の万人に対する闘争	不安定な平和	自由で平等な状態
契約内容	自然権を**譲渡**	自然権を**信託**	自己統治を約束
統治形態	**絶対王政**	間接民主制 （抵抗権あり）	**直接民主制**

分析編

解答・解説編

2021年（第1日程）

予想問題・第1回

予想問題・第2回

予想問題・第3回

問5 【人権宣言】 □27□ 正解：② 標準

必要な知識 **人権宣言**に関する知識

　ア：**アメリカ独立宣言**の文言。最後の「幸福の追求」、すなわち**幸福追求権**を規定している点で判断したい。制定は 1776 年。

　イ：**ワイマール憲法（ドイツ共和国憲法）**の文言。ワイマール憲法は、世界ではじめて**社会権（生存権）**を規定した憲法。「すべての者に人間たるに値する生活を保障する」という文言が、社会権の保障を示している。制定は 1919 年。

　ウ：**フランス人権宣言**の文言。フランス人権宣言は、**自然権**として**財産権**を保障していた。「所有権は、一つの神聖で不可侵の権利である」という文言がそれにあたる。制定は 1789 年。

知識の確認

おもな人権宣言

人権宣言	国	内　　容
権利章典〔1689 年〕	イギリス	「国王は、議会の承認なしに法律の効力や執行を停止してはならない」 ＊イギリス人の権利・自由を確認するものであり、万人に対する自然権を保障するものではない。
ヴァージニア権利章典〔1776 年〕	アメリカ	**自然権**思想にもとづく初の**成文憲法**
アメリカ独立宣言〔1776 年〕		「われわれは、次の真理を自明なものと認める。～生命、自由および幸福の追求が数えられること」
フランス人権宣言〔1789 年〕	フランス	● 「権利の保障が確保されず、権力の分立が規定されないすべての社会は、憲法をもつものではない」 ● 「所有権は～神聖で不可侵」
ワイマール憲法〔1919 年〕	ドイツ	● 世界ではじめて**社会権（生存権）**を保障 ● 「経済生活の秩序は、すべての者に人間たるに値する生活を保障する目的をもつ正義の原則に適合しなければならない」

問6 【図：ダールによるポリアーキー概念】　28　正解：③　標準　思

必要な知識　ダールによる**ポリアーキー**の分類に関する理解

　a：イが当てはまる。**a**は、ⅰ「包括性」もⅱ「自由化」もさほど認められていない、「ヒトラーが総統に就任したのちのドイツ第三帝国」である。**ヒトラー**の総統就任以降は、普通選挙制が停止され、また、ナチスの政策に反対する自由もなかった。

　b：アが当てはまる。**b**は、ⅰ「包括性」もⅱ「自由化」も広く認められている、「現在のアメリカ大統領制」である。アメリカでは、選挙権が18歳以上の男女に与えられ、かつ議会は**大統領**を弾劾する権限を有するなど、公的異議申し立ても認められている。

　c：ウが当てはまる。中国では、**全国人民代表大会（全人代）**の議員を選ぶ選挙権が18歳以上の男女に認められている。その点からは、ⅰ「包括性」は広く認められていると言える。しかし、ⅱ「自由化」は十分には確立されておらず、**中央集権**の側面が強い。

解答・解説編

2021年（第1日程）

予想問題・第1回

予想問題・第2回

予想問題・第3回

予想問題・第1回　解　説　63

問1 【経済資源】　29 　**正解**：③　やや易

必要な知識 　**経済資源**に関する知識

　a：「**希少性**」が入る。無限性をもつ**経済資源**、たとえば空気などであれば、選択の問題は生まれない。

　b：「何かを選択すればほかの何かをあきらめざるをえない」という記述から「**トレード・オフ**」が入ると判断する。ちなみに、**クーリング・オフ**とは、一定期間中であれば商品購入などの契約が無条件で解除できる、というしくみ。

問2 【機会費用】　30 　**正解**：③　やや難　思

必要な知識 　**機会費用**に関する理解

　問題文にもあるように、「**機会費用**」とは、ある選択を行なったために失う価値のうち最大のものをさす。ある者が**a**を選択した場合、機会費用は、**b**や**c**を選んでいたら得られたであろう価値の最大値となる。**b**を選択した場合、元本 1,000 万円に毎年 0.5％の金利がつくので、利子収入は 5〔万円／年〕×10〔年〕＝50〔万円〕である。**c**を選択した場合、20 年後に得られる年金は 1,000〔万円〕×0.1＝100〔万円〕である。機会費用は、ある選択をした場合に失う価値の最大のものをさすので、この場合は 100 万円となる。

問3 【経済思想】　31 　**正解**：④　やや易

必要な知識 　経済思想に関する知識

　a：イが当てはまる。**アダム・スミス**は**自由放任主義**の立場をとり、経済は市場における自由な経済活動（「**見えざる手**」）によって自動的に調節されるので、政府による市場への介入は極力避けるべきだと説いた。

　b：ウが当てはまる。**ケインズ**は、政府による積極的な**財政政策・金融政策**が**有効需要**を創出し、景気回復と**完全雇用**の実現につながると説いた。

　c：アが当てはまる。**フリードマン**は、アダム・スミスと同様に、政府による市場への介入に消極的な立場を示し、通貨の安定的な供給によって景気を回復させるべきだと説いた。彼の考え方は「**マネタリズム**」とよばれる。

問4 【図：市場メカニズム】　　32　正解：②　標準　思

>必要な知識〈 **市場メカニズム**に関する理解

　まず、P_1 が**均衡価格** P_0 よりも低い点に注目する。したがって、価格が P_1 のとき、需要量は Q_1、供給量は Q_2 となり、国内生産量は供給量と同じだから Q_2 となる。また、価格が P_1 のときには、$Q_1 - Q_2$ の**超過需要**が発生する。その場合には、超過需要分を外国から輸入することになるので、輸入量は $Q_1 - Q_2$ となる。

知識の確認

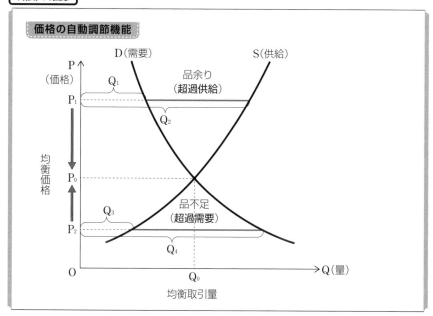

価格の自動調節機能

　上図のように、価格が P_1 であっても P_2 であっても最終的には**均衡価格** P_0 に向かうことを「**価格の自動調節機能**」といい、**アダム・スミス**はこれを「**見えざる手**」と呼んだ。

問5 【市場の失敗（市場メカニズムの限界）】　　33　正解：④　標準

>必要な知識〈 **市場メカニズム**に関する理解

「**市場の失敗**」とは、**市場メカニズム**が有効に機能していない現象をいう。④のように、生産効率の上昇によって供給量が増加し価格が下落したという事例は市場メカニズムが機能した結果であり、市場の失敗には当たらない。

　①は**外部不経済**、②は**公共財**の投入、③は**独占・寡占**という、市場の失敗の典型例にすべて当てはまる。

分析編

解答・解説編

2021年（第1日程）

予想問題・第1回

予想問題・第2回

予想問題・第3回

市場の失敗：なんらかの理由で**市場メカニズム**が機能しないこと。

外部不経済がある場合	工場の生産活動によるばい煙が周辺地域に損害を与える（公害の発生など）
公共財（道路や堤防など）を投入する場合	堤防は、周辺住民に安全をもたらすという点で必要である。しかし、たとえ堤防をつくったとしても企業は何ももうからないので、堤防は造成されない
独占・寡占が存在する場合	**独占・寡占**企業が**プライス・リーダー**（価格先導者）となって管理価格を設定すると、買い手が減っても価格が下がらなくなる（**価格の下方硬直性**）

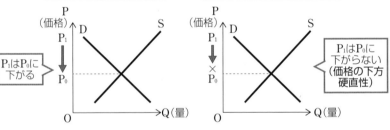

問6　【公共財の特徴】　34　**正解**：① やや易　思

必要な知識　**公共財**に関する理解

公共財には、以下の特徴がある。

ⅰ：多くの人が同時に消費できる（非競合性）
ⅱ：代金を支払わない人をその消費から排除することが難しい（非排除性）

①「街路樹の管理」の場合には、複数の人が同時に街路樹を使用してもほかのだれかの利用を妨げず、かつ代金を支払わない人に**サービス**を受けさせない（この場合には、「街路樹を使用させない」など）というしくみをつくることができない。つまり、**非競合性**と**非排除性**の両方の性質をもつ。

第7問 日本が果たすべき役割と国際平和 標準

分析編

解答・解説編

2021年(第1日程)

予想問題・第1回

予想問題・第2回

予想問題・第3回

問1 【第二次世界大戦後の出来事】 35 正解：③ やや易

必要な知識 第二次世界大戦後の大きな流れ

（ア）：**イラクのクウェート侵攻**に対して組織された**多国籍軍**が武力行使を開始したのは、1991年。

（イ）：インドネシアのバンドンで**アジア・アフリカ会議**が実施され、平和十原則が発表されたのは、1955年。

（ウ）：南ベトナム政府を支持するアメリカが北ベトナムに武力攻撃を開始し、**ベトナム戦争**に突入（北爆）したのは、1965年。

（エ）：ロシアがクリミアを併合したのは、2014年。

したがって、（イ）→（ウ）→（ア）→（エ）の順となる。

問2 【国連平和維持活動（PKO）協力法】 36 正解：③ やや易

必要な知識 **自衛隊のPKOへの参加に関する知識**

自衛隊は、海賊問題に対処するために③「ソマリア沖」に派遣されているが、それは**海賊対処法**にもとづく派遣であり、**PKO協力法**にもとづくものではない。

③以外はいずれも、自衛隊が派遣された事例。

- ①「カンボジア」：UNTAC（国連カンボジア暫定統治機構）
- ②「ゴラン高原」：UNDOF（国連兵力引き離し監視軍）
- ④「南スーダン」：UNMISS（国連南スーダン共和国ミッション）

知識の整理

関連法にもとづく自衛隊派遣の事例

関 連 法	派 遣 地 域
PKO協力法〔1992年〕	カンボジア、モザンビーク、ゴラン高原、東ティモール、ネパール、スーダン、ハイチ、南スーダンなど
テロ対策特別措置法〔2001年〕	インド洋：**同時多発テロ事件**後の対テロ戦争に向けた、アメリカ軍などへの支援

イラク復興支援特別措置法 〔2003 年〕	イラク：イラク戦争終結後の人道復興支援
海賊対処法〔2009 年〕	ソマリア沖：海賊による攻撃からの船舶の防御

問3 【国連の限界】　37　正解：④　標準　思

> 必要な知識　**国連**の活動に関する理解

　生徒Aは、**人権**の普遍性と、それを実行するために国連がもつ役割の重要性を強調しているが、生徒Bは、人権概念の重要性を認めつつも、その普遍性に疑問を呈している。生徒Bの3つ目の発言「平和が常態化している国と、つねに戦争が絶えない国とでは、同一の規範内容であるはずはない。また、各地域固有の問題もあるだろう」がヒント。

　①・③：誤文。国連や人権の普遍性を前提としている点は、生徒Bの考えに沿わない。

　②：誤文。「国民に生きる権利すら認めない国だってあるだろう」という点は、生徒Bの3つ目の発言「どの国においても、国民に対して生きる権利を保障しているだろう」に沿わない。

問4 【日本の安全保障体制】　38　正解：④　標準

> 必要な知識　日本の**安全保障**体制に関する知識

　2015 年、**安倍晋三**内閣により、**安全保障関連法**の一つとして**国際平和支援法**が制定された。同法により、**国際平和共同対処事態**（国際社会が対応すべき事態）が発生すれば、たとえ日本の安全に直接の影響がなくても、他国軍に後方支援することが可能となった。

　①：誤文。出来事の順は、次のとおり。警察予備隊の創設➡日米安全保障条約の締結➡保安隊の創設（警察予備隊から改組）➡自衛隊の創設。

　②：誤文。「**PKO 協力法**」ではなく、**テロ対策特別措置法、イラク復興支援特別措置法**。

　③：誤文。「**全額**」という点が誤り。日本は、「**思いやり予算**」として在日アメリカ軍駐留経費の一部を負担している。

有事事態

重要影響事態	そのまま放置すれば日本に対する直接の武力攻撃に至るおそれがある事態や、日本の平和および安全に重要な影響を与える事態。かつての周辺事態から地理的制約がなくなった事態
存立危機事態	密接な関係にある他国への武力攻撃が発生し、日本の存立が脅かされるなどの事態。**集団的自衛権**を行使する要件の一つ
国際平和共同対処事態	国際社会の平和や安全を脅かす事態。その脅威を除去するために国際社会が国連憲章の目的に従って共同して対処すべき活動のうち、日本が国際社会の一員として寄与する必要がある事態

分析編

解答・解説編

2021年（第1日程）

予想問題・第1回

予想問題・第2回

予想問題・第3回

予想問題
第2回
解答・解説

問題番号(配点)	設問		解答番号	正解	配点	問題番号(配点)	設問	解答番号	正解	配点
第1問(13)	1		1	3	3	第5問(15)	1	20	1	3
	2		2	3	3		2	21	1	2
	3		3	2	3		3	22	2	3
	4		4	1	2		4	23	2	2
	5		5	3	2		5	24	6	2
第2問(13)	I	1	6	3	3		6	25	4	3
	II	2	7	2	3	第6問(25)	1	26	3	3
		3	8	1	2		2	27	1	2
		4	9	4	3		3	28	1	2
		5	10	3	2		4	29	2	3
第3問(13)	1		11	1	3		5	30	4	3
	2		12	3	2		6	31	2	3
	3		13	1	3		7	32	4	3
	4		14	2	2		8	33	3	3
	5		15	4	3		9	34	3	3
第4問(11)	1		16	1	3	第7問(10)	1	35	3	2
	2		17	3	2		2	36	4	3
	3		18	2	3		3	37	1	2
	4		19	6	3		4	38	2	3

古代ギリシャ思想

問1 【プラトンの思想】　1　正解：③　標準

▷必要な知識◁　**プラトン**の思想に関する知識

③：「勇気」を「正義」に換えると正文。**プラトン**は、「**理性**」という魂（**プシュケー**）をもって生まれた**統治者階級（哲人）**が、「**気概（意志）**」という魂をもって生まれた**防衛者階級（軍人・戦士）**や、「**欲望（情欲）**」という魂をもって生まれた**生産者階級（農民や職人）**を統御すれば**正義の徳（アレテー）**が生まれ、**哲人政治**による**理想国家**が実現すると考えた。このような、人間の魂が３つの部分からなるとした考えが「**魂の三分説**」。

①：正文。**イデア**は、感覚ではなく、理性によってとらえられる。

②：正文。イデアを想起することを「**アナムネーシス**」という。

④：正文。プラトンが理想としたのは**哲人政治**である。

知識の確認

┌───┐
│　**プラトンの理想国家**
│
│　　　　　　　　　　　　　　魂（プシュケー）　徳（アレテー）
│　　　　　　　　　　　　　┋もって生まれたもの　┋後天的に身につけるもの
│
│　統治者階級（哲人）　　　理性　　＋知恵 ┐　┌おのおのの階級がふさ
│↱防衛者階級（軍人・戦士）気概（意志）＋勇気 ├─┤わしい徳を身につける
│↳生産者階級（農民や職人）欲望（情欲）＋節制 ┘　└と、正義が出現する
│
│　➡統治者階級が、防衛者階級と生産者階級を統御する。
│　➡理性が、気概（意志）と欲望（情欲）を統御する。
└───┘

+α の知識

哲人政治

　プラトンは、『**パイドロス**』の中で、２頭の馬をつないだ馬車を操る御者のたとえ話（馬車の比喩）を挙げている。この話では、馬車を操る御者が**哲人（統治者階級）**に、２頭の馬が**軍人（防衛者階級）**と**農民（生産者階級）**にそれぞれたとえられている。つまり、プラトンは、このたとえを用いて、哲人が軍人と農民の両方を統御すべきだと説いた。

問2 【資料：プラトンが考えた徳】　　2　　正解：③　やや易　思

必要な知識　とくになし

　第1段落では大工などの職人の徳（アレテー）について述べられている。職人の徳については、少数の職人にしか助言できない。それに対して、第2段落では政治的な徳について述べられている。政治的な徳については、すべての人が助言できる。なぜなら、すべての人がその徳をもっているからである、というのがこの資料の主旨。これらを踏まえているのは③。

　①：誤文。大工の徳やほかの職人の徳についてすべての人が助言できるという点が誤り。

　②：誤文。大工の徳やほかの職人の徳と政治的な徳に関する説明が逆である。

　④：誤文。資料は、徳について助言することができないとは言っていない。

問3 【ヘレニズム思想】　　3　　正解：②　標準　思

必要な知識　ヘレニズム思想に関する知識

　②：「権力の獲得をめざして生きることの重要性を説いた」という記述は誤り。「隠れて生きよ」とは、「政治権力から離れて生きよ」という意味。

　①・③・④は、いずれもエピクロスやゼノンの思想、および資料1・2の記述に沿っているので、正文（＊2021年共通テスト／第1問／問3の解説を参照）。

＋αの知識

エピクロスとゼノン

　アリストテレスは、「人間はポリス的（社会的・国家的）動物である」と述べた。人間は社会的・国家的な存在であるから、ポリスの法を守って生きていくべきだという主張である。一方、アリストテレスの弟子であるアレクサンドロスは、ポリスをことごとく破壊して消滅させた。そこで、エピクロスは、ポリスに代わり個人の信念に従って生きるべきだと説き、ゼノンは、ポリスに代わり世界を一つだと考えて生きるべきだと述べた。

問4 【アリストテレス】 ☐4 正解：① 標準

\必要な知識/ **アリストテレスの思想や事績に関する知識**

　アリストテレスは、感覚でとらえられる具体的な事物（**実体・ウーシア**）こそが実在であり、本質は事物に内在すると考えた。

　②：誤文。「**アカデメイア**」は、**プラトン**が創設した学校。ちなみに、アリストテレスが創設した学園を「**リュケイオン**」という。

　③：誤文。アリストテレスは、「知性的徳と習性的徳の両極端」ではなく、過度と不足との両極端を避けた**中庸（メソテース）**を選択すべきだとした。

　④：誤文。「快楽を追求する」という記述が誤り。「**観想的生活（テオーリア）**」とは、真実を追求する生活を意味する。

知識の確認

> **アリストテレスの思想**
>
> - 存在論：事物は、その本質である**形相（エイドス）**と、素材に当たる**質料（ヒュレー）**が結びつくことによって存在している。
> - 知性的徳と習性的徳
>
> 　　知性的徳　　＋　　習性的徳（**倫理的徳**）　＝　**幸福（最高善）**
> （技術・思慮・知恵）　　（正義・勇気・節制）
>
> 　訓練において　　　　中庸によって
> 　実現される　　　　　身につける
>
> ＊思慮が、過度でもなく不足でもなく中庸をくり返し選び取る（習慣）。
>
> | 不　足 | 中　庸 | 過　　度 |
> |---|---|---|
> | 臆病 | 勇気 | 無謀（乱暴） |
> | 鈍感 | 節制 | 放恣 |
> | 冷酷 | 友愛 | 過剰愛 |

問5 【パルメニデスの思想】 ☐5 正解：③ やや易

\必要な知識/ **パルメニデスの思想に関する知識**

　パルメニデスは、「唯一のものだけが存在する。存在する唯一のものは生成せず、消滅も変化もしない。変化したり運動したりするのはたんなる見せかけにすぎない」と考えた。

　①：**アリストテレス**の言葉。

　②：**プロタゴラス**の言葉。

　④：デルフォイのアポロン神殿の柱に刻まれていた標語。

Ⅰ

問1 【最澄と空海の思想】 　6　 正　解：③ やや易

必要な知識 **最澄**（さいちょう）と**空海**（くうかい）の思想に関する知識

　ア：誤文。「自己の悟りを完成させた**阿羅漢**（あらかん）」という記述が誤り。**最澄**は、生きとし生けるもの（**衆生**（しゅじょう））を救済する**菩薩**（ぼさつ）をめざすべきだと説いた。ちなみに、**阿羅漢**とは、タイやミャンマーなどに伝わった上座部仏教において最高の悟りに達した者の総称（＊予想問題／第1回／　12　の解説を参照）。

　イ：正文。**空海**は、その身のままで仏となりうるという**即身成仏**（そくしんじょうぶつ）を説いた。

知識の整理

最澄と空海のまとめ

名前と尊称	最澄（伝教大師）（でんぎょうだいし）	空海（弘法大師）（こうぼうだいし）
開いた宗派と総本山	天台宗（てんだいしゅう） 比叡山延暦寺（ひえいざんえんりゃくじ）	真言宗（しんごんしゅう） 高野山金剛峯寺（こうやさんこんごうぶじ）
修行のあり方	一切衆生悉有仏性（しつうぶっしょう）	大日如来（だいにちにょらい）に近づく
成仏の考え方	一乗思想（いちじょう）：衆生はひとしく成仏できる	即身成仏：その身のままで仏となりうる

Ⅱ

問2 【鎌倉仏教❶】 　7　 正　解：② 標準

必要な知識 **法然**（ほうねん）と**親鸞**（しんらん）の思想に関する知識

　法然が**念仏**（ねんぶつ）をとなえることで救済されるというように、念仏をとなえる行為の主体を自分自身と考えた（**専修念仏**（せんじゅねんぶつ））のに対し、**親鸞**は、念仏をとなえるという行為そのものもまた**阿弥陀仏**（あみだぶつ）の計らいである（**絶対他力**）と考えた。

　①：誤文。法然も親鸞も**末法思想**を前提としていたので、厳しい修行をすることも**往生**（おうじょう）することもできないと考えていた。

　③：誤文。**自然法爾**（じねんほうに）をとなえたのは親鸞。

　④：誤文。みずから**功徳**（くどく）を積むことができない悪人こそが阿弥陀仏の慈悲にすがるにふさわしいという**悪人正機説**（あくにんしょうきせつ）を唱えたのは親鸞。

問3 【鎌倉仏教❷】　　8　　正解：①　やや易

〉必要な知識〈　日蓮の四箇格言に関する知識

　日蓮は、『法華経』こそが最高の教えであるという法華経第一主義をかかげていた。したがって、同じ『法華経』を中心経典とする天台宗は、批判の対象としなかった。

知識の確認

四箇格言

念仏無間 ねんぶつむげん	浄土宗^{じょうどしゅう}は、無間地獄^{むげんじごく}に落ちる教えを説いている
禅天魔 ぜんてんま	禅宗^{ぜんしゅう}は、悪魔の教えを説いている
真言亡国 しんごんぼうこく	真言宗^{しんごんしゅう}は、国を滅ぼす教えを説いている
律国賊 りつこくぞく	律宗^{りっしゅう}は、国に反逆を加える教えを説いている

問4 【資料：禅の位置づけ】　　9　　正解：④　標準　

〉必要な知識〈　とくになし

　資料では、おもに以下のような内容が述べられている。

❶：禅^{ぜん}は一般的に言う宗教ではなく、神や儀式がない

❷：ただし、それは神の存在を否定しているというわけではなく、否定も肯定も禅の関心ではない

❸：禅には、猶太人^{ゆだや}における神や基督教徒^{きりすと}における神は存在しない

　これらに沿うのは④である。

　①：誤文。「守るべき儀式は存在し」という記述が、❶に沿わない。

　②：誤文。「神を肯定することで、神と一体となろうとする」という記述が、❷に沿わない。

　③：誤文。「猶太人における神や基督教における神を想定し」という記述が、❸に沿わない。

問5 【曹洞宗】　　10　　正解：③　やや易

> 必要な知識　道元が説いた教えに関する理解

　　a　：「只管打坐」が入る。「只管打坐」とは、坐禅をひたすら行なうことである。曹洞宗では、心を無にして禅に没頭することを重視する。栄西が伝えた臨済宗のように公案を用いて悟りに到達するのとは対照的。ちなみに、「居敬窮理」とは、私欲を抑えて理を窮めよという朱子学の教え。

　　b　：「坐禅の修行と悟り（証）を得ることは一体のものである」が入る。道元によるこの教えを「修証一等」という。道元は、坐禅を悟りの手段としてではなく、悟りそのものだと考えた。

> 知識の確認

道元（曹洞宗）：主著は『正法眼蔵』。	
黙照禅	いっさいの思慮分別を絶滅し、自己の本性の正しさを表す坐禅。「人々みな仏法の器なり」➡末法思想の否定（人間は凡夫ではない）
只管打坐	ひたすら坐禅を組むこと。なぜなら、坐禅を組むことはそれ自体で悟りの過程でもあるからだ（修証一等）
身心脱落	身体も精神もいっさいの執着を離れ、悟りの境地に入ること

問1 【朱子学】 □11□ **正解**：① 標準

必要な知識 **朱子学**に関する理解

　林羅山は、自然界に天と地があることが自明であるように、人間界に上と下という身分制度があることもまた自明であるという**上下定分の理**を説いた。また、**朱子学の居敬窮理**に照らして、心に慎み（**敬**）をもつことで私欲を抑制するという**存心持敬**を説いた。

　②：誤文。これは**新井白石**の思想。
　③：誤文。これは**雨森芳洲**の事績。
　④：誤文。これは**山崎闇斎**の思想。

+αの知識

出題頻度は低いが、おさえておくべき江戸期の学者

貝原益軒（かいばらえきけん）	女性のあり方として「家にあっては父に従い、嫁しては夫に従い、夫死しては子に従う」という三従の倫理を述べた
西川如見（にしかわじょけん）	身分制度はたんに官位の上下であり、人間の貴賤を表すものではないとした
青木昆陽（あおきこんよう）	飢饉で苦しむ民衆を救うためにサツマイモの栽培を推奨し、徳川吉宗に認められた
富永仲基（とみながなかもと）	仏教・儒教・神道の教えをそのまま受け取るのではなく、それらが歴史的に成立した過程を明らかにする思想史的研究を行なった
山片蟠桃（やまがたばんとう）	宗教を批判し霊魂の存在を否定する「**無鬼論**」（唯物論）を説いた

問2 【伊藤仁斎】 □12□ **正解**：③ 標準

必要な知識 **伊藤仁斎**の思想に関する理解

　□a□：「古義」が入る。**古義堂**は伊藤仁斎が開いた塾であり、同時に、後世の解釈を交えず、孔子の教えを解読しようという、仁斎の説いた学問の名称でもある。ちなみに、**懐徳堂**は、山片蟠桃らを輩出した塾。

　□b□：「誠」が入る。仁斎は、私心のない純粋な心を「**誠（真実無偽の心）**」と呼んだ。

　□c□：「清明心」が入る。「**清明心**」とは、古代日本人が尊んだ、私心のない純粋な心。

古学のまとめ

山鹿素行 （やまが そこう）	古学派の提唱者。朱子学を、日常の倫理から離れ抽象的な議論に終始してしまっていると批判。孔子や孟子たちの儒教原典に立ち返ること（古学）を提唱した。また、武士は農・工・商の三民の道徳的模範となるべきだという士道を説いた
伊藤仁斎 （いとうじんさい）	『論語』を「最上至極宇宙第一の書」として、その本来の意味や精神を、後世の主観的な解釈を退けて実証的に解読することをめざす古義学を提唱した。儒教道徳の根底に仁・愛をおき、その仁愛を成立させるために誠を重視した。誠は、偽りのない純粋な心（真実無偽の心）であり、それを得るためには、ありのままの自己で他者に対すること（忠信）の実践が必要だとした
荻生徂徠 （おぎゅうそらい）	聖人の経典を解読するために、古代中国の言語と文章を解読する古文辞学を提唱した。儒教本来の精神は、古代聖人たちの道（先王の道・安天下の道）にある。先王の道とは、国を治めて民を安心させること（経世済民）であり、また礼楽刑政（礼法・音楽・刑罰・政治制度）を整えることでもある

+αの知識

山本常朝『葉隠』

山本常朝（やまもとつねとも）は、「武士道というは、死ぬことと見つけたり」と述べた。この武士道は、戦国時代に武士が身につけていた精神である。これに対して、山鹿素行が述べた士道は、武士が農・工・商の三民の道徳的模範となるべきであるという教えであり、常朝による解釈とは大きく異なる。山鹿素行が武士をこのようにとらえ直したのは、江戸時代は戦が起こらなかったとても平和な時代で武士のあり方を再定義する必要に迫られたからであったが、その点が常朝によって激しく批判された。

問3 【資料：荻生徂徠の見解】　　13　　正解：①　標準　思

必要な知識　とくになし

資料の主旨は、以下のとおり。

- ⅰ：密告を臆病というのは私的な道徳における問題であって、幕府への大きな忠節にもとづく密告とは異なる
- ⅱ：幕府への大きな忠節は、私的な道徳の問題よりも優先されるべきである

これらの内容に沿っているのは①である。

②：誤文。「公けの道徳や忠節に従うものであったとしても、すべきでない」という記述は、ⅱに反する。

③：誤文。「密告は、臆病ではなく」という記述は、ⅰに反する。私的な道徳における場合には臆病と見なされうる。

④：誤文。「密告した者がその後出世して幕府の要職に就いたという例はない」という記述は、**資料**の「（密告した者が）大名や旗本に取り立てられ、その子孫が今も続いているはずである」という記述に反する。

+αの知識

赤穂浪士の処遇をめぐる荻生徂徠と室鳩巣の論争

荻生徂徠は、主君の仇討ちの目的で吉良義央邸に討ち入り義央を殺害した赤穂浪士に対して、切腹すべきだと主張した。その理由として、「義は自分を正しく律するための道であり、法は天下を正しく治めるための基準である。礼にもとづいて心を調節し、義にもとづいて行動を決定する。いま、赤穂浪士が主君のために復讐するのは、武士としての恥を知るものである。それは自分を正しく律するやり方であり、それ自体は義にかなう。だが、それは彼らのみに限られたこと、つまり私の論理にすぎない」と述べている。

他方、**室鳩巣**は、赤穂浪士が行なった討ち入りには主君の仇討ちという大義があり、処罰すべきではないとして、赤穂浪士を擁護した。

なお、最終的には、将軍・徳川綱吉の裁定によって、赤穂浪士全員に切腹が命じられた。

問4 【国 学】 14 **正解**：② やや易

必要な知識 **本居宣長**に関する知識

a ：「本居宣長」が入る。**本居宣長**は、「生まれたままの心（**真心**）に従うこと」を重視した。

b ：『**古事記**』に描かれた神話のうちに、女性的でやさしい歌風である「**たをやめぶり（手弱女振）**」が日本人の精神であることを見いだした。

知識の確認

国 学

儒教や仏教に感化された心（**漢意**）を捨て、日本人本来の精神に立ち返るべきだと説く。

思想家	主 著	思想内容
契沖	『**万葉代匠記**』	近世国学の祖として『**万葉集**』などの古典を研究
荷田春満	『**創国学校啓文**』	幕府に国学の学校をつくることを願い出たが、かなえられなかった

賀茂真淵 （かものまぶち）	『万葉考』 （まんようこう）	• **高く直き心**：おおらかで自然で素直な心 ➡ これこそ、日本人本来の精神 • **ますらをぶり（益荒男振）**：男性的でおおらかな調子
本居宣長 （もとおりのりなが）	『古事記伝』 （こじきでん） 『玉勝間』 （たまかつま） 『源氏物語玉の小櫛』 （げんじものがたりたまのおぐし）	• **真心**（まごころ）：生まれたままの心 • **たをやめぶり（手弱女振）**：女性的で繊細な調子 • **もののあはれ**：物事に触れて共感・同情し、わが心とすること
平田篤胤 （ひらたあつたね）	『霊能真柱』 （たまのみはしら）	**復古神道**（ふっこしんとう）：天皇への服従こそ神の道であるとして、国学を**神道**として大成

問5 【石田梅岩】 15 正解：④ やや難 思

〚必要な知識〛 **石田梅岩**（いしだばいがん）**に関する知識**

a：「儒学・仏教・老荘思想・神道を取り入れた独自の処世哲学」が入る。**石田梅岩**の**石門心学**（せきもんしんがく）は、当時のさまざまな思想や学問の融合である。梅岩は、自分の考えと合わない異質なものを排除せず、自分の考えに取り入れようとした。彼のそうした姿勢は、彼がけっして身分制度そのものを否定したわけではなく、それをたんに「職分の別」と見なしたように、そうした区別を相対化しようとした点に表れている。

b：「商人がほかの身分の者に比べて、卑しい」が入る。江戸時代には、商人は身分的に最下層におかれていた。商いはしばしば、安く手に入れた物を高く売ることによって、つまり、相手をだますことによって成り立つ職業であるから卑しいと見なされた。梅岩は、そのような批判に対して、「**商人の買利**（ばいり）**は士の禄**（ろく）**に同じ**」、つまり、商人が物を売ってもうけるのは武士が幕府から禄（給与）をもらっているのと同じであるとして、商人の立場を擁護した。

なお、ノートに出てくる**手島堵庵**（てじまとあん）は、梅岩の弟子。また、絵は、江戸時代の庶民向け初等教育施設である**寺子屋**（てらこや）を表している。

➕α の知識

石田梅岩が説いた商人道

正直 （せいちょく）	正しい仕方で利益を得て、自分も相手もともに立てる
倹約 （けんやく）	モノの効用を最大限に発揮させるように、世の中のために用いる

分析編

解答・解説編

2021年（第1日程）　予想問題・第1回

予想問題・第2回

予想問題・第3回

問1　【カント❶】　　16　　正解：①　やや難

必要な知識　カントの定言命法に関する知識

　カントの考えによれば、「うそをついてはならない」というのは、条件つきの命令である仮言命法であってはならず、つねに無条件の命令である定言命法でなければならない。カントは、道徳法則（道徳律）には定言命法として従う必要がある、と考えた。したがって、うそはどんな場合にも許されない。なぜなら、うそをつけば助けられるというが、そこには因果関係（因果律）はなく、うそをついても殺されるかもしれないし、うそをつかなくても助けられる可能性があるからである。

　②：誤文。「うそをついてはならないというのは状況次第であるという仮言命法である」という点が誤り。

　③：誤文。「うそをつくことはどんな場合にも許されるという定言命法である」という点が誤り。

　④：誤文。「うそをついてはならないというのは状況次第であるという仮言命法である」という点が誤り。

知識の確認

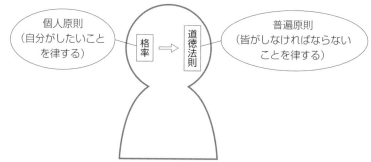

カントの道徳論		
格率	「自分が～したい」という、個人の側にある主観的な規則・方針	
道徳法則（道徳律）	「みなが～しなければならない」という原則 ➡「汝の意志の格率が、つねに同時に普遍的立法の原理として妥当しうるように行為せよ」	

個人原則（自分がしたいことを律する）→ 格率 ⇒ 道徳法則 ← 普遍原則（皆がしなければならないことを律する）

| 「いつでも」 | どんな場合でも：無条件命令＝定言命法 |
| 「みずから」 | だれかから言われて行動するのではなく、みずからの意志で行動する：意志の自律 |

問2 【カント❷】　　17　　**正 解**：③　標準

必要な知識　　**カント**の**認識論**に関する知識

　カントは、「認識が対象に従うのではなく、対象が認識に従う」という言葉を残した。これは「**コペルニクス的転回**」と呼ばれる。

知識の確認

カントが唱えた哲学

　カント以前の哲学者は、「認識が対象に従う」と考えていた。一方、カントは、その発想を逆転させ「対象が認識に従う」と考えた（**コペルニクス的転回**）。

　たとえば、北斗七星（ほくとしちせい）を例に考えてみる。私たちが認識する前（＝❶）は、ただの星の集まり（素材）にすぎない。しかし、私たちの**感性**（≒五感。この場合は視覚）が対象をとらえると（＝❷）、私たちの悟性（ごせい）が対象を分析し、「北斗七星はひしゃくの形である」（＝❸）と認識される。

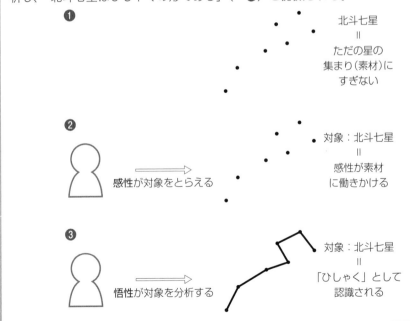

❶
北斗七星
＝
ただの星の
集まり(素材)に
すぎない

❷
感性が対象をとらえる
対象：北斗七星
＝
感性が素材
に働きかける

❸
悟性が対象を分析する
対象：北斗七星
＝
「ひしゃく」として
認識される

分析編

解答・解説編

2021年〔第1日程〕

予想問題・第1回

予想問題・第2回

予想問題・第3回

問3 【ヘーゲル】　18　正解：②　やや難

|必要な知識| ヘーゲルの思想に関する知識

ヘーゲルによれば、**法**は外的行為に関する規範、**道徳**は内面的な精神活動に関する規範であり、両者が統合される＝**止揚（アウフヘーベン）**されることで法と道徳が両立するあり方である**人倫**が生まれる。

①：誤文。「欲望の体系である市民社会のもとでは、～人倫の完成がもたらされる」という記述が誤り。人倫の完成がもたらされるのは**国家**である。ヘーゲルは、国家を「**人倫の完成態**」として評価する一方、**市民社会**は「**欲望の体系**」、別の言い方では「**人倫の喪失態**」だと見なした。

③：誤文。「国家のもとで人びとが法の秩序に従うときには人倫の喪失態が生じる」という記述が誤り。ヘーゲルは国家を「人倫の完成態」とした。

④：誤文。「家族のもとでなければ～人倫の完成がもたらされることはない」という記述が誤り。人倫の完成がもたらされる場は国家である。なお、ヘーゲルは、**家族**を、愛はあるが個人の自由はない場だと見なしている。

知識の確認

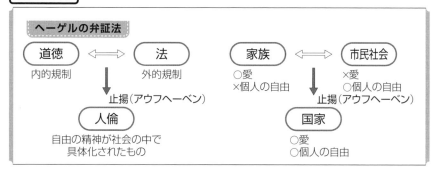

問4 【啓蒙思想（啓蒙主義）】　19　正解：⑥　標準

|必要な知識| **啓蒙思想**に関する知識

A：ウが当てはまる。ヴォルテールは、『**哲学書簡**』においてフランスの古い政治体制（**アンシャン・レジーム**）を批判した。

B：イが当てはまる。ディドロは、ダランベールやヴォルテールらとともに『**百科全書**』を編纂し、それまでの古い価値観にもとづく学問のあり方を刷新しようとした。また、彼は精神の実在性を否定して、物質の根源性のみを主張する**唯物論（無神論）**の立場をとった。

C：アが当てはまる。**モンテスキュー**は『**法の精神**』の中で、権力の腐敗を防ぐためには国家権力を**立法権・行政権・司法権**の3つに分け、相互に**抑制と均衡**をはかる**三権分立**を採用する必要がある、と説いた（＊「第1回・予想問題」／第5問／問3の解説も参照）。

第5問　基本的人権の尊重

標準

問1 【2つの平等観】　　20　　**正解**：①　やや難　思

〉必要な知識〈　形式的平等と実質的平等に関する知識

　考え方Xは、あらゆる形態の差別をなくして機会均等を図るという**形式的平等**（機会の平等）を表している。**男女平等・障害者差別**の禁止などがその事例である。

　他方、**考え方Y**は、結果的に生じた格差を是正するという**実質的平等**（結果の平等）を表している。たとえどれほど手厚く機会の平等を保障しても、格差は生じうる。**考え方Y**は、その結果として生じる格差を是正するための平等である。

　設問では、**考え方Y**にもとづいた具体例を選択することが求められている。アは、たんなる障害者差別の禁止ではなく、従業員の一定割合を障害者雇用にあてるよう義務づけており、格差を是正しようという取り組みである。一方、**イ・ウ・エ**はいずれも、形式的平等にもとづく具体例である。

知識の確認

アファーマティブ・アクション

　実際に生じている差別を是正するため、冷遇されている者を優遇することによって積極的に平等を実現しようとする取り組み。

障害者雇用促進法	一定の割合で障害者を雇用するよう、企業に義務づける
クオータ制	女性の国会議員や企業役員の割合を一定以上に規定する。北欧諸国で実施されている

問2 【人権思想の発達】　　21　　**正解**：①　やや易

〉必要な知識〈　人権思想の発達に関する知識

　　a　：市民革命以後に発達し、また「国家からの自由」という性質をもつことから、「思想・良心の自由」を選ぶ。思想・良心の自由は、国民が国家権力から干渉されない権利である**自由権的基本権**（自由権）に含まれる。

　　b　：産業革命以後に発達し、また「国家への自由」という性質をもつことから、「選挙権」を選ぶ。選挙権は、国民が政治などに参加できる

権利である**参政権**に含まれる。産業革命以後、労働者たちはみずからの政治参加を求めて**チャーチスト運動**を展開した。

　c：社会主義革命以後に発達し、また「国家による自由」という性質をもつことから、「**生存権**」を選ぶ。生存権は、国家が積極的に介入することを求める**社会権的基本権（社会権）**に含まれる。

分析編

解答・解説編

2021年（第1日程）

予想問題・第1回

予想問題・第2回

予想問題・第3回

知識の確認

日本国憲法における自由権・参政権・社会権のおもな分類

自由権 （国家からの自由）	精神の自由	思想・良心の自由 信教の自由 集会・結社・表現の自由 学問の自由
	人身の自由	奴隷的拘束・苦役からの自由 法定手続きの保障 令状主義 拷問・残虐な刑罰の禁止
	経済の自由	居住・移転の自由 職業選択の自由 財産権の不可侵
参政権 （国家への自由）	選挙権・被選挙権	
	最高裁判所裁判官の国民審査	
	憲法改正の国民投票	
社会権 （国家による自由）	生存権：健康で文化的な最低限度の生活を営む権利	
	教育を受ける権利	教育の機会均等 義務教育の無償
	労働基本権	勤労権 労働三権

問3 【最高裁判所の判決】　22　**正解**：②　標準

必要な知識　**最高裁判所**の判決に関する知識

　最高裁判所は、1973年に、尊属殺人を一般の殺人への量刑よりもより重くしている刑法200条の規定が、憲法第14条の**法の下の平等**に反するとし（**尊属殺人重罰規定訴訟**）、1995年に刑法200条が削除された。

①：誤文。最高裁判所は、朝日訴訟や堀木訴訟において、憲法第25条が規定する生存権は国の指針を示したものにすぎず、請求権の根拠とはならないというプログラム規定説を示した。

③：誤文。最高裁判所は、選択的夫婦別姓を認めない民法の規定には合理性があるとして、合憲判決を下している。

④：誤文。最高裁判所は、津地鎮祭訴訟において、市が地鎮祭を行なうために公金を支出したことは政教分離に反しないという判決を下した。

知識の整理

政教分離に関する最高裁判所の判決

訴訟名（判決年）	合憲／違憲	判決内容
津地鎮祭訴訟〔1977年〕	合憲	三重県津市が地鎮祭に公金を支出したことについて、最高裁は、地鎮祭は習俗化していて、その目的は工事の平安という世俗的なものであり神道を援助するなどの効果は認められないとして、請求を退けた
愛媛玉串料訴訟〔1997年〕	違憲	靖国神社および護国神社への玉串料などを県の公費で支払ったことについて、最高裁は、玉串料などを奉納した目的には宗教的意義があり、特定宗教を援助・助長・促進する効果があったと認定し、違憲と判断した
空知太神社訴訟〔2010年〕	違憲	北海道砂川市が神社に対し敷地を無償で提供したことについて、最高裁は、特定の宗教を援助する目的があったと認定し、違憲と判断した
孔子廟訴訟〔2021年〕	違憲	沖縄県那覇市が、市の土地を儒教の祖・孔子を祀る「孔子廟」に無償提供していたことについて、最高裁は、無償で公有地を使わせるのは政教分離を定めた憲法に反するとの判決を出した

問4 【基本的人権の保障】　　23　　正解：② やや易

〉必要な知識〈　**基本的人権の保障**に関する知識

　憲法では、現行犯の場合を除き、裁判所の発する**令状**がなければ逮捕されない、と規定されている（**令状主義**）。

　①：誤文。憲法では、**検閲の禁止**が規定されている。

　③：誤文。憲法では、私有財産が公のために用いられる場合がある、と規定されている（**公共の福祉**）。

　④：誤文。憲法では、実行時に適法であった行為についてあとから罰せられることは認められない、と規定されている（**遡及処罰の禁止**）。

問5 【社会権的基本権】　　24　　正解：⑥ やや易

〉必要な知識〈　**社会権的基本権**に関する知識

　ア：誤文。大日本帝国憲法には社会権的基本権である**生存権**の規定はない。

　イ：誤文。**教育を受ける権利**には年齢制限はない。

　ウ：正文。公務員については、**争議権**（団体行動権）などの**労働基本権**が制限されている。

問6 【プライバシーの権利】　　25　　正解：④ 標準 思

〉必要な知識〈　とくになし

　書き込みの主旨は、以下のとおり。

ⅰ：政治家にも**プライバシーの権利**が保障される

ⅱ：公人として政治家の容姿などが公開される場合がある（私人とまったく同様のプライバシーの権利が認められているわけではない）

ⅲ：交際相手との関係は公益とは無関係なので、公開されてはならない

　ⅰ〜ⅲの内容をすべて満たしているのは④である。

　①：誤文。「一般人とまったく同様に、プライバシーの権利が認められなければならない」という記述は、ⅱに沿わない。

　②：誤文。「政治家がみずからの顔や私生活が公に公表されることは、プライバシーの権利の侵害には当たらない」という記述は、ⅲに沿わない。

　③：誤文。「プライバシーの権利は〜自明のものとして認められているわけではない」という記述は、ⅰに沿わない。

問1 【日本経済】 26 正解 ：③ やや難

〉必要な知識〈 戦後の日本経済の特徴に関する知識

　資料は、中曽根康弘内閣時に発表された前川レポート。

　 X ：「輸出」が入る。空欄の直前にある「経常収支の大幅黒字」がヒント。

　 Y ：「内需」が入る。資料では、日本経済に対して内需拡大と規制緩和を求めている。

問2 【戦後復興期の日本経済】 27 正解 ：① やや易

〉必要な知識〈 戦後の日本経済の特徴に関する知識

　日本ではじめて消費税が導入されたのは1989年の竹下登内閣のときであり、戦後復興期には当たらない。消費税率は、1989年：3%➡1997年：5%➡2014年：8%➡2020年：10%（ただし、軽減税率制度により一部の商品は8%）と変化してきた。以下、②〜④はいずれも戦後復興期の政策。

　②：正文。寄生地主制の解体は、農地改革の内容。

　③：正文。過度経済力集中排除法の制定は、財閥解体の内容。

　④：正文。労働三法の制定は、労働民主化の内容。

知識の確認

戦後復興期の日本における政策	
民主化政策	●財閥解体 　：過度経済力集中排除法➡独占禁止法（企業間競争の促進） ●農地改革：自作農を創出（寄生地主制の解体） ●労働民主化：企業別労働組合の育成・労働三法の制定
復興政策	●傾斜生産方式：石炭・鉄鋼などの基幹産業に資金を重点配分 　➡その結果、インフレに向かう ●ドッジ・ライン：単一為替レート（1ドル＝360円）／財政支出の削減（インフレ抑制政策） ●シャウプ勧告：直接税中心の税制を確立

問3 【高度経済成長期の日本】　　28　　正解：①　標準

必要な知識　日本の**高度経済成長**期に関する知識

　日本の**GNP**（国民総生産）は、1968年に西ドイツを抜いて、アメリカに次ぐ資本主義国第2位となった。

　②：誤文。**高度経済成長**期においては、株式などによる**直接金融**による資金調達よりも、銀行などの金融機関からの資金調達による**間接金融**の割合が高かった。

　③：誤文。**国民所得倍増計画**を策定したのは池田勇人（いけだはやと）内閣。

　④：誤文。高度経済成長期に、いわゆる**四大公害病訴訟**が起きた。

知識の確認

2つの高度経済成長

分　類	性　質	景 気 名	ポイント
第1期〔1955～64年〕	**輸入中心**：海外から製品を買う（長続きしなかった）	● **神武景気**（じんむ）：「もはや『戦後』ではない」（1956年の『経済白書』） ● **岩戸景気**（いわと）：池田勇人内閣の**国民所得倍増計画**〔1960年〕 ● **オリンピック景気**：公共投資の急増（高速道路・新幹線の建設など）	輸入によって支えられていたため、輸入が増加すればするほど貿易収支が赤字になり、好景気が持続できないという問題点をかかえていた（**国際収支の天井**）
第2期〔1966～73年〕	**輸出中心**：加工した製品を輸出する（長続きした）	**いざなぎ景気**：57か月の長期にわたり、実質経済成長率が年10％を超えた	GNPがアメリカに次いで資本主義国第2位に（1968年）

高度経済成長のおもな要因

- **技術革新**と民間設備投資が積極的に行なわれたこと
- **間接金融**（銀行からの融資）による資金調達が容易であったこと
- 安価で豊富な労働力
- 政府による産業保護政策

問4 【1980年代の日本経済】　　29　　正解：②　標準

〉必要な知識〈　1980年代の日本経済に関する知識

　1980年代に、**中曽根康弘内閣**は、日本国有鉄道（国鉄）を JR、日本電信電話公社（電電公社）を NTT、日本専売公社（専売公社）を JT にそれぞれ**民営化**した。

　①：誤文。「円安」を「円高」に換えると正文となる。ドル安に誘導することを G5 が確認した**プラザ合意**によって、日本は円高となった。理論的には、円高になれば原材料価格が低下するために、日本の輸入産業の収益は伸びることになる。

　③：誤文。**コメの過剰生産**を解消するために**減反政策**が始まったのは 1970年ごろ。なお、減反政策は 2019年から実質的に廃止された。

　④：誤文。「消費者物価も高騰し」という記述が誤り。**バブル景気**下では、円高の影響によって消費者物価の高騰が抑えられた。

知識の確認

> **1980年代の日本経済**
> ● **プラザ合意**〔1985年〕：**G5** が、貿易赤字に苦しむアメリカを救うためにドル安誘導をかけることで合意
> 　　↓
> ● **円高不況**：円高で日本からの輸出品価格が上昇し、輸出量が減少
> 　　↓
> ● 製造業をはじめとする日本企業が、生産拠点を海外へ移転：輸出品の価格上昇回避と**貿易摩擦**回避のため
> 　　↓
> ● 日本が**産業の空洞化**に陥る
> 　　↓
> ● 日銀が超低金利政策を実施
> 　　↓
> ● 銀行が土地・株取引へ積極的に融資
> 　　↓
> ● 地価・株価が高騰して**バブル景気**が発生

問5 【国民所得の計算】　　30　　正解：④　やや難　思

〉必要な知識〈　**国民所得**に関する知識

　表より、**GDP**（国内総生産）を求めると、GDP＝国内のすべての生産額の合計－中間生産物の価額＝500－50＝450〔億円〕となる。国民所得は、生産・分配・支出のどの側面から見ても等しいという**三面等価の原則**

に従えば、GDP と **GDE**（国内総支出）は等しいので、GDE も 450〔億円〕となる。

①：正文。表より、**GNP**（国民総生産）＝GDP＋海外からの純所得＝450＋10＝460〔億円〕となる。したがって、GDP は GNP よりも小さい。

②：正文。**NNP**（国民純生産）＝GNP－固定資本減耗＝460－100＝360〔億円〕。

③：正文。**NI**（狭義の国民所得）＝NNP－（間接税＋補助金）＝360－5＝355〔億円〕。

知識の確認

国民所得の求め方（公式）

- **GNP**（国民総生産）＝国民の総生産額の合計－中間生産物の価額
- **GDP**（国内総生産）＝国内の総生産額の合計－中間生産物の価額
- **NNP**（国民純生産）＝GNP－固定資本減耗（減価償却費）
- **NI**（狭義の国民所得）＝NNP－（間接税＋補助金）

GNPとGDPの関係式

GNP＝GDP＋海外からの所得－海外への所得

国民所得の三面等価原則：生産＝分配＝支出

Product ＝生産		Income ＝分配（所得）		Expenditure ＝支出	
GNP（国民総生産）	＝	GNI（国民総所得）	＝	GNE（国民総支出）	
GDP（国内総生産）	＝	GDI（国内総所得）	＝	GDE（国内総支出）	
NNP（国民純生産）	＝	NNI（国民純所得）	＝	NNE（国内純支出）	
NDP（国内純生産）	＝	NDI（国内純所得）	＝	NDE（国内純支出）	

問6 【財政のしくみ】 ☐31☐ **正解**：② 標準

必要な知識 国債に関する知識

財政法は、**財政赤字**を補塡するための**国債**の発行を禁止している。したがって、政府が**赤字国債**（**特例国債**）を発行するためには、原則として国会においてそのつど特例法を制定しなければならない。

分析編

解答・解説編

2021年〔第1日程〕

予想問題・第1回

予想問題・第2回

予想問題・第3回

国債の発行

建設国債	公共事業を行なうために発行	特例法は要らない	1966年から現在まで毎年発行
赤字国債	財政赤字を補填(ほてん)するために発行	発行するたびに特例法が必要（＊2013〜2020年は、自動的に発行）	1965年に発行され、1975年から現在まで発行（＊ただし、1990〜93年には発行されていない）

財政政策と金融政策のまとめ

	財政政策	金融政策
好景気	増税／公共事業を減らす	資金吸収オペレーション（売りオペレーション）
不景気	減税／公共事業を増やす	資金供給オペレーション（買いオペレーション）

問7 【市場メカニズム】　　32　　正解：④　やや難　思

必要な知識　**市場メカニズム**に関する理解

　　a　：「S_2」が入る。空欄の直前にある「原材料価格が下落」の場合には、生産コストが安くなり供給量（生産量）が増加するので、**供給曲線は右下（右）にシフト**する。

　　b　：「S_4」が入る。資料にもあるように「工業製品の場合には、生産者は価格の変化に応じて供給量を比較的容易に調整することができる」。したがって、価格が少し上昇しただけで供給量を増加させることは容易であるから、価格も容易に変動させられる。そのようすを反映しているグラフは、S_4 である。次のページの図Aのとおり、価格 P_1 から P_2 への上昇率よりも供給量 Q_1 から Q_2 への増加率が大きいので、傾きは S_3 に比べてなだらかである。ちなみに、S_3 は農産物の供給曲線を示している。図Bのとおり、価格 P_3 から P_4 への上昇率よりも供給量 Q_3 から Q_4 の増加率が小さいので、傾きは S_4 に比べて急である。

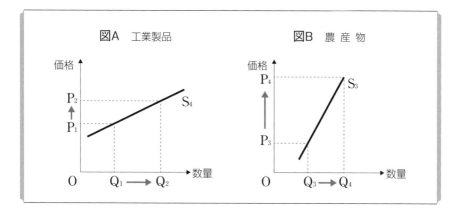

図A　工業製品

図B　農産物

問8 【信用創造】　　33　　正　解：③　標準　思

必要な知識　信用創造に関する理解

　信用創造は、本源的預金（最初の預金）÷支払準備率－本源的預金の公式によって求められる。したがって、この場合の信用創造額は、1〔億円〕÷0.1－1〔億円〕＝9〔億円〕である。

知識の確認

信用創造

　銀行は、預金の一定割合を支払準備金として日本銀行に預け、残りを貸し出しに回す。その貸し出された資金は再び預金として銀行に預けられ、銀行はその預金の一定割合を支払準備金として日本銀行に預け、残りをまた貸し出しに回す。こうして、預金の受け入れと貸し出しが繰り返されて当初の預金の何倍もの預金がつくり出されることを「信用創造」という。

信用創造額の求め方　（公式）

　本源的預金÷支払準備率－本源的預金

問9 【資料：世界経済における日本のあり方】　34

> 必要な知識　とくになし

　③は、資料「2　我が国のめざすべき目標」の第2・3段落「国際協調型経済構造への変革をはかる」と「国民生活の質の向上をめざす」という記述に合致する。

　①：誤文。資料「1　我が国経済の置かれた現状」の第2段落「経常収支黒字が〜増大し」と第3段落「大幅な経常収支不均衡の継続は、〜危機的状況であると認識する必要がある」から、経常収支における大幅黒字の継続は望ましいことではないと読み取れる。

　②：誤文。資料「2　我が国のめざすべき目標」の第4段落「我が国の経済的地位にふさわしい責務を果たし、〜経済のみならず科学技術、文化、学術面で世界に貢献すべきである」という記述に沿わない。

　④：誤文。資料「提言」の最後にある「貯蓄優遇税制については抜本的に見直す必要がある」という記述に沿わない。

問1 【自由貿易】　35　**正解**：③　標準

>必要な知識< **自由貿易**に関する知識

　WTO（世界貿易機関）は、違反国に対する措置の決定に**ネガティブ・コンセンサス方式**（全加盟国が反対しないかぎり採択される議決方法）を採用するなど、**GATT**（関税と貿易に関する一般協定）よりも紛争解決手続きが強化されている。

　①：誤文。日本が2002年にはじめて**EPA**（経済連携協定）を締結した国はシンガポール。アメリカとは、2019年にTAG（日米物品貿易協定）を締結した。

　②：誤文。日本は**TPP**（環太平洋パートナーシップ協定）の交渉に参加し、アメリカの離脱後も、TPP11（包括的および先進TPP）を締結した。

　④：誤文。WTOは、**発展途上国の工業製品に対しては一般特恵関税**を認めている。

知識の確認

戦後の国際経済体制下におけるおもな自由貿易交渉	
GATTの**ケネディ・ラウンド**〔1964〜67年〕	平均35%の関税を一括で引き下げることが合意された
GATTの**東京ラウンド**〔1973〜79年〕	おもに**非関税障壁**（関税以外の手段による輸入制限措置）の除去について成果を上げた。さらに、関税の引き下げ、**ダンピング（不当廉売）**防止税、輸入許可手続きなどに関する協定も締結された
GATTの**ウルグアイ・ラウンド**〔1986〜94年〕	サービス分野に関する貿易のためのルールづくりや、**知的財産権**の保護について合意がなされ、WTOが設置されることになった。また、農業分野では非関税障壁の関税化について合意がなされた。ただし、日本と韓国のコメについては例外的に**ミニマム・アクセス（最低輸入量）**の設定が認められた

WTOのドーハ開発アジェンダ［ドーハ・ラウンド］〔2001年〜〕	農業・サービス業などの自由化、アンチダンピング（ダンピングへの対抗策）のルールづくりなど幅広い分野で交渉が行なわれたが、農業補助金の問題について交渉が難航し、現在まで合意に至っていない

問2 【リカードの比較生産費説】 36 **正解：④** やや難 思

`必要な知識` **リカードの比較生産費説**に関する知識

　電化製品も農産品も、X国のほうがY国よりも少ない人数で生産できているので、X国のほうがY国よりも労働生産性が a 「高い」ことがわかる。

　また、全員雇用を前提に「農産品の生産をX国が1単位減らし、Y国が1単位増やす」のだから、X国では農産品1単位を生産していた8人が電化製品の生産に回り、電化製品12人、農産品0人となるのに対して、Y国では農産品1単位の生産に必要な12人を電化製品から回すのだから、電化製品12人、農産品24人となる。したがって、下記の図のとおり。

	電化製品	農産品
X国	12〔人〕	0〔人〕
Y国	12〔人〕	24〔人〕

その結果 ⇨

	電化製品	農産品
X国	12÷4＝3〔単位〕	8÷0＝0〔単位〕
Y国	12÷24＝0.5〔単位〕	24÷12＝2〔単位〕

　この結果、電化製品については、X国が3単位、Y国が0.5単位で、合わせて3.5単位生産でき、農産品については、X国が0単位、Y国が2単位となり、合わせて2単位生産できる。特化前は、電化製品・農産品ともに両国合わせてそれぞれ2単位を生産していたので、特化後の生産量の両国の合計は、農産品では変わらないが、電化製品については b 「1.5単位」増えることになる。

問3 【国際通貨制度】 37 **正解：①** やや難

`必要な知識` **国際通貨制度**をめぐる動向に関する知識

　1944年の**ブレトンウッズ協定**にもとづいて設立された**IMF**（国際通貨基金）は、当初、**国際収支**が悪化している国に対する短期融資のみを行なってきた。

　②：誤文。「レーガン大統領」を「**ニクソン大統領**」に換えると正文となる。ここに記されている**金・ドル交換停止**が、いわゆる**ニクソン・ショック**（1971年）。

　③：誤文。「スミソニアン協定」を「**キングストン合意**」に換えると正文。

④：誤文。まず、事実として、1973年に**変動為替相場制**へ移行してからは円高・ドル安傾向が強まった。また、その影響を受けて、日本の輸出産業は多少ダメージを受けたものの、貿易収支の黒字基調は続いた。日本の**貿易収支**が赤字になるのは、**東日本大震災**が起きたあとの2012年以降であった。ただし、そのことを知らなくても、「円安・ドル高傾向が強まったために、日本の貿易収支の赤字は次第に大きくなった」という記述がおかしいことには気づく必要がある。一般に、円安になれば貿易収支の黒字傾向が強まる。

知識の確認

為替変動の影響

円高	輸出品の価格が上昇➡輸出量減少／輸入品の価格が下落➡輸入量増加➡貿易収支は赤字に向かう
円安	輸出品の価格が下落➡輸出量増加／輸入品の価格が上昇➡輸入量減少➡貿易収支は黒字に向かう

ブレトンウッズ体制の崩壊

ブレトンウッズ協定〔1944年〕	● **固定為替相場制**の維持を決定 ● ドルを**基軸通貨（キー・カレンシー）**とすることを決定 ● **IMF（国際通貨基金）**の設立 ：「通貨の番人」（金とドルを交換）／短期融資 ● **IBRD（国際復興開発銀行・世界銀行）**の設立 ：戦災国・発展途上国への長期融資
1960年代以降	● アメリカの**経常収支**が赤字（第二次世界大戦後の日欧への復興支援・**ベトナム戦争**への出費・多国籍企業の展開）➡ドルの信用が落ち、各国がドルを金に交換➡アメリカから金が流出 ● **ニクソン・ショック**〔1971年〕：**金・ドル交換停止** ● **スミソニアン協定**〔1971年〕：**固定為替相場制**の再構築（金1オンス＝38ドル／1ドル＝308円） ● 各国が**変動為替相場制**へ移行〔1973年〕 ● **キングストン合意**〔1976年〕 ：変動為替相場制が承認される

問4 【国際収支】 38 正解：② 標準 思

必要な知識 国際収支の計算

a：「3.3」が入る。経常収支＝貿易収支＋サービス収支＋第一次所得収支＋第二次所得収支であるから、 **a** ＝－10.6＋（－1.6）＋（16.5）＋（－1.0）＝3.3〔兆円〕となる。

b：「－4.6」が入る。経常収支－金融収支＋資本移転等収支＋誤差脱漏＝0であるから、3.3－ **b** ＋（－3.9）＋（－4.0）＝0となる。したがって、 **b** ＝－4.6〔兆円〕となる。

知識の確認

国際収支の内訳

経常収支	●貿易収支：モノの輸出入の差額（輸出－輸入） ●サービス収支：モノ以外（輸送費・旅費など）の差額 ●第一次所得収支：所得・配当・利子に関する収支 ●第二次所得収支：国際機関への拠出金など
金融収支	一方的な移転ではなく、将来的な見返りを求めて行なう支出 ●直接投資 　：海外における企業経営などを目的とする投資 ●証券投資：株式・債券などへの投資 ●金融派生商品（デリバティブ） 　：株式・債券以外の金融商品 ●外貨準備：政府や日銀が保有する資産
資本移転等収支	資本財に対する無償援助
誤差脱漏	統計上の誤差や漏れ

国際収支を求める公式

経常収支－金融収支＋資本移転等収支＋誤差脱漏＝0

予想問題
第3回
解答・解説

問題番号(配点)	設問	解答番号	正解	配点	問題番号(配点)	設問	解答番号	正解	配点
第1問(11)	1	1	5	3	第4問(20)	I	1	20	4	3
	2	2	3	2		2	21	2	3
	3	3	3	3		3	22	4	2
	4	4	2	3		4	23	3	2
第2問(17)	1	5	3	3		5	24	3	2
	2	6	1	2	II	6	25	4	2
		7	1	2		7	26	1	3
		8	3	2		8	27	1	3
		9	2	2	第5問(11)	1	28	2	3
	3	10	5	3		2	29	3	3
	4	11	3	3		3	30	2	3
第3問(22)	1	12	2	3		4	31	1	2
	2	13	1	3	第6問(8)	1	32	2	2
	3	14	4	2		2	33	3	3
	4	15	5	3		3	34	6	3
	5	16	2	3	第7問(11)	1	35	1	3
	6	17	8	3		2	36	4	2
	7	18	1	2		3	37	1	3
	8	19	3	3		4	38	2	3

分析編

解答・解説編

2021年(第1日程)

予想問題・第1回

予想問題・第2回

予想問題・第3回

第1問　中国思想　標準

問1 【さまざまな中国思想】 　1　 **正解**：⑤　やや難

〉必要な知識〈　**儒家**(じゅか)、**墨家**(ぼっか)、**法家**(ほうか)に関する知識

　A：ウと結びつく。「**公羊学**(くようがく)」とは、**孔子**が**魯**(ろ)国の歴史を編纂(へんさん)したとされる『**春秋**』の文面から孔子の言外の主張を読み取ろうとする学問の一つで、漢代の**董仲舒**(とうちゅうじょ)がとくに重んじた学問である。このほか、董仲舒は、自然と人間社会には対応関係があるという**天人相関説**(てんじんそうかんせつ)を説いた。この主張が漢の武帝(ぶてい)に認められ、儒教は漢の国教となった。

　B：アと結びつく。**墨子**(ぼくし)は、他人を思いやる気持ちの欠如が社会の混乱の原因であるとして、他者を無差別に愛する**兼愛**を説いた。また、兼愛の精神に反するような侵略戦争を否定する**非攻**(ひこう)も説いた。

　C：イと結びつく。**韓非子**(かんぴし)は、**荀子**(じゅんし)の礼治主義(れいじ)をさらに発展させ、法律と刑罰によって社会の安定をめざす**法治主義**を説いた。

問2 【老子の教え】 　2　 **正解**：③　標準

〉必要な知識〈　**老子**(ろうし)の教えに関する知識

　　a　：「宇宙を生成する根源」が入る。**老子**は、万物を生み出す根源でありあらゆる現象を成立させる原理として**道**(タオ)をとらえていた。道は、現実世界の善悪などといった区別や対立を超えて、人間の知性や感覚では認識できない無である。なお、道を「人間の守るべき規範」としてとらえていたのは、儒家の孔子。

　　b　：「無為自然」(むいしぜん)が入る。老子は、人間を含む万物がおのずから行動する**無為自然**(むいしぜん)を理想的境地とした。なお、「**怪力乱神を語らず**(かいりきらんしん)」は、孔子の合理的精神を象徴している言葉である。孔子は、超自然的・神秘的なことは語らなかったとされる。

知識の確認

老荘思想のまとめ

老子(ろうし)	●**道**：宇宙生成の根源➡「道」そのものは、感覚ではとらえられない無
	●**無為自然**(むいしぜん)：作為を排し道に従った生き方が理想
	●**柔弱謙下**(じゅうじゃくけんげ)：柔らかくしなやかな態度が、人間の本来的なあり方
	●**小国寡民**(しょうこくかみん)：素朴な自給自足社会が理想
	●**無欲恬淡**(むよくてんたん)：欲を捨て、清らかな心をもて

荘子	●**万物斉同**：ありのままの実在の世界は本来等しいものであり、区別も差別もない
	●**逍遥遊（真人）**：絶対的自由（自然と一体化）の境地において遊ぶ理想的人間
	●**心斎坐忘**：心のけがれを取り除いてすべてを忘れる
	●**無用の用**：無用であるかのように見えるものが、じつは大事

問3 【朱熹の思想】　　3　　**正解**：③　やや難

◇**必要な知識**◇　**朱子学**と**陽明学**に関する知識

　朱熹（朱子）によって開かれた**朱子学**は、**孟子の性善説**を踏まえて、人間の本性（**本然の性**）を万物共通の**理**として善なるものとしてとらえた（**性即理**）。朱熹によると、その理が肉体を構成する**気**によって乱され**気質の性**に変わってしまっている（**理気二元論**）。

　①：誤文。これは**荀子**の教え。荀子は、人間の本性を**悪**としてとらえ（**性悪説**）、その悪は**礼**によって矯正される必要があると考えた（**礼治主義**）。

　②：誤文。これは**荘子**の教え。荘子は、万物は本来平等でありおのずから調和していて、善悪・貴賤の区別もないとする**万物斉同**を唱えた（＊「予想問題・第3回」／第1問／問2の解説も参照）。

　④：誤文。これは、**王陽明（王守仁）**が開いた**陽明学**の教え。王陽明は、心そのものが理である（**心即理**）と考え、心に理が備わっているのだから気にまみれることはない（**理一元論**）と考えた。

知識の確認

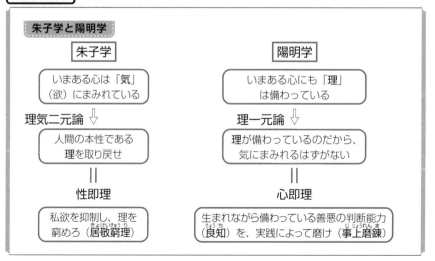

朱子学と陽明学

朱子学	陽明学
いまある心は「気」（欲）にまみれている	いまある心にも「理」は備わっている
理気二元論 ⇩	理一元論 ⇩
人間の本性である理を取り戻せ	理が備わっているのだから、気にまみれるはずがない
＝	＝
性即理	心即理
私欲を抑制し、理を窮めろ（居敬窮理）	生まれながら備わっている善悪の判断能力（良知）を、実践によって磨け（事上磨錬）

問4 【資料：孟子】　4　正解：②　標準　思

必要な知識　とくになし

　資料3文目「徳を以て仁を行なう者は王たり」がヒント。ちなみに、**徳**によって恵み深く民衆を治めることを「**王道政治**」という。

　①：誤文。「その覇は必ずしも大国の持ち主とならない」という記述は資料2文目「覇は必ず大国を有つ」という記述に沿わない。

　③：誤文。資料5文目「力を以て人を服する者は、心服せしむるに非ざるなり」という記述に沿わない。

　④：誤文。資料の最終文「七十子の孔子に服せるが如し」に沿わない。

知識の確認

孟子の教え		
教　　え	教えの内容	ポイント
性善説	人間の生まれつきの本性は善（**四端の心**）であり、四端は**四徳**に高められる ●**惻隠の心**：他人の不幸を見のがせない同情心➡**仁** ●**羞悪の心**：自分や他人の悪を恥じ憎む心➡**義** ●**辞譲の心**：みずからへりくだって、他人に譲る心➡**礼** ●**是非の心**：善と悪、正と不正を見分ける心➡**智**	四端を四徳に高めるために必要な心が**浩然の気**。これを養うことに努める道徳的な人物が**大丈夫**
仁義	**孟子**が考えた道徳の中心。仁義にもとづく政治が**王道政治**であり、理想的な政治体制だとされた	力による支配である**覇道政治**を否定

+α の知識

儒家による仁愛の解釈

　儒家が説く**仁愛**は、キリスト教的な愛（**アガペー**や**隣人愛**）のような無差別の人類愛とは異なり、家族への自然な愛情を基本とし、人間関係にも波及していく。したがって、親しさのちがいによって仁愛のあり方は異なる、と考えた。

問1 【資料：福沢諭吉の思想】 5 正解：③ 標準 思

必要な知識 とくになし

資料の第2段落後半「東洋の儒教主義と西洋の文明主義とを比較してみると、東洋にないものは、有形において数理学と、無形において独立心と、この二点である」という記述に合致する。

①：誤文。資料の第1段落最初「もともと私の教育方針は、自然の原則に重きをおいて、数と理とこの二つのものを根本とし」という記述に沿わない。

②：誤文。資料の第2段落の最初「国のありさまを見ると、富国強兵・国民の幸福という点で、東洋は西洋より劣っている」という記述に沿わない。

④：誤文。資料の第3段落の最初「人間万事、数理を無視することはできず、信念としてもつべきものは独立心のほかにない」という記述に沿わない。また、資料では、数理学や独立心を軽く見ている日本が、西洋諸国と肩を並べることはできそうもないともあり、選択肢中の「西洋とは異なる独自の学問や精神を育めばよい」という記述は、その主旨に沿わない。

知識の確認

福沢諭吉のまとめ

- 啓蒙思想団体である**明六社**の主要人物
- **慶應義塾**の創始者
- 主著：『**学問のすゝめ**』『**西洋事情**』『**文明論之概略**』
- 「**天は人の上に人を造らず、人の下に人を造らずと云へり**」➡ 天賦人権論
- 「**一身独立して一国独立す**」：国民が個人として独立（**独立自尊**）することで、国家は文明国として独立できる
- **実学**（数理学）を重視：「**人間普通日用に近き実学**」
- **脱亜入欧**：アジアの小国から抜け出して、西洋列強に追いつくべきである

分析編

解答・解説編

２０２１年(第１日程)

予想問題・第１回

予想問題・第２回

予想問題・第３回

問2 【日本の啓蒙思想】 標準

> 必要な知識 日本の**啓蒙思想**に関する知識

(1) | 6 | 正解 ：① / | 7 | 正解 ：①

　　| a |：「福沢諭吉」が入る。空欄の直前にある「**一身独立して一国独立す**」という言葉がヒント。この言葉は、日本は、国民が個人として独立することで文明国の仲間入りを果たすことができる、という意味。

　　この言葉が示すように、**福沢諭吉**は、国民個々人の独立を、国家が文明国として独立するための手段として考えている。したがって、| i |には、「個人の独立は国家の独立の手段である」が入る。福沢は、国家の文明国としての独立を目的としない**自由民権運動**には批判的であったとされる。

(2) | 8 | 正解 ：③ / | 9 | 正解 ：②

　　| b |：「中江兆民」が入る。2つ目の空欄 | b | の直後にある「**自由は取るべき物なり、貰うべき品にあらず**」という言葉がヒント。

　　中江兆民は、西欧の人権思想が**恢復的民権**（人民みずから勝ち取ってきたもの）であるのに対して、日本の人権思想は**恩賜的民権**（天皇から与えられたもの）だと考えた。先述の中江の言葉は、恢復的民権こそが本来の権利であるということを意味する。中江は、その考えから、人民が人権獲得を主体的に求める**自由民権運動**を支持した。

　　ちなみに、③はプロイセン国王のフリードリヒ2世、④は**和辻哲郎**の言葉である。

問3 【内村鑑三の思想】 | 10 | 正解 ：⑤ 標準

> 必要な知識 **内村鑑三**のキリスト教にもとづく思想に関する知識

　　| a |：「ルター」が入る。イグナティウス・デ・ロヨラは、**カトリック教会の修道会である****イエズス会（ジェズイット教団）**の創始者。

　　| b |：「無教会主義」が入る。内村は、教会や儀式によらず、直接に神の言葉が記された『聖書』と向き合うべきだという**無教会主義**を唱えた。

　　| c |：「武士道」が入る。内村は、世界へつながる普遍性を**武士道**の道徳心に見いだし、武士道を土台として日本にキリスト教を根づかせようと努めた。

内村鑑三のまとめ

- **2つのJ**：イエス（Jesus）と日本（Japan）
- **武士道精神を重視**：「武士道の上に接木されたるキリスト教」
- **無教会主義**：教会によってではなく『聖書』へじかに向かい、信仰を深めるべきである
- **不敬事件**：教育勅語への敬礼を行なわず、教師の職を追われる
- **非戦論**：日露戦争に反対

問4 【西田幾多郎の思想】　11　正解：③　標準

〉必要な知識〈　**西田幾多郎**の思想に関する理解

　問題文にもあるように、**純粋経験**とは「我と物、主観と客観とが対立する以前の主客未分の状態」である。「体温が低くて冷たいアイドルの手に触れた」ことで「自分の手がとても熱くなっていることに気づいた」という経験は、自分（主体）とアイドル（客体）が分離されており、主観と客観が区別されない**主客未分**の状態、すなわち純粋経験ではない。

　①：「感覚を忘れ、気づくとゴールしていた」、②：絵画制作に没頭し、「あたかも富士山に突き動かされて描いている」、④：「夏目漱石の『こころ』を、我を忘れるほど集中して読んでいた」はいずれも、主観と客観が分離していない主客未分の状態の具体例となっている。

問1 【コントの実証主義】　12　正解：②　やや難

必要な知識　コントの「三段階の法則」に関する知識

　コントは、知識は神学的段階、形而上学的（哲学的）段階、実証的段階という順で発展（進歩）していくと考えた。また、知識の発展段階に対応した社会の発展段階として、軍事的段階、法律的段階、産業的段階を唱えた。

　なお、観察可能な事実のみを研究対象とするコントの立場を実証主義という。

知識の確認

コントの思想のまとめ

知識の発展段階	社会の発展段階
神学的段階：神によって現象を説明する	軍事的段階：人間による人間の征服を基礎とする
形而上学的（哲学的）段階：現象をその本質から説明する	法律的段階：法による人間の支配を基礎とする
実証的段階：経験にもとづいて現象の法則を探究する	産業的段階：人間による自然の征服を基礎とする

問2 【資料：ヤスパース】　13　正解：①　標準

必要な知識　とくになし

　資料から、この思想家が神に対して篤い信仰をもっていることが読み取れる。選択肢中にあるニーチェは神の存在を否定しているので、ここでは当てはまらない。また、資料の下から2行目に「超越者」とあることから、ヤスパースだと判断できる。

　　X　には「自由と神は不可分のものであります」が入る。空欄の直前「自己の自由を本当に悟る人間が、同時に神を確認するのです」がヒント。

知識の確認

ヤスパースの思想

　人間は、生きていると死や苦悩など、自分の力ではどうすることもでき

ない壁（**限界状況**）にぶつかる。その状況に直面した人間は、苦しみながらも、自己を支える**超越者**（**包括者**）の存在に気づき、他者を愛しながら生きる（**実存的交わり**）。

問3 【ニーチェ】　　14　　**正解**：④　やや易

＞**必要な知識**＜　**ニーチェ**の思想に関する知識

　a：「奴隷道徳」が入る。ここは「**隣人愛**にもとづくキリスト教の平等・博愛など、弱者の立場を擁護する倫理観」を表している。「**永劫回帰**」は、意味も目的もなく無限に繰り返す人生を称した**ニーチェ**の言葉。

　b：「ルサンチマン」が入る。ニーチェは、来世における救済を求め神への服従や弱者への愛を説くキリスト教の**奴隷道徳**は、強者が支配する現世を否定するものであり、強者に対する弱者の**怨恨**（ルサンチマン）に由来するとした。ちなみに、『**リヴァイアサン**』は**ホッブズ**の著書名。

知識の確認

ニーチェの思想

　ニーチェは、キリスト教が説く道徳は**奴隷道徳**であり、現世に生きる人間の生への意志を抑圧するものだと考えた。「**神は死んだ**」と述べてキリスト教的な価値観を否定するニーチェは、人生には意味や目的などなく、ただ無意味に時間と事象が繰り返されるだけだという**永劫回帰**の思想を唱えた。

　もっとも、ニーチェは、永劫回帰の状況を悲観的にとらえるのではなく、むしろ、意味や目的のない人生を強い意志（**力への意志**）によって生き抜くべきだとして積極的にとらえていた。ニーチェは、人生を肯定する態度を**運命愛**、そのような生き方を体現する人間を**超人**と呼んだ。

問4 【実存主義】　　15　　**正解**：⑤　標準

＞**必要な知識**＜　**実存主義**に関する知識

　ア：誤文。「神の存在を前提に」という記述が誤り。神の存在を否定した**サルトル**は、人間においては、あらかじめ決定されている本質などは存在しない。人間は、自分の本質を自由に決めていく存在である（「**実存は本質に先立つ**」）、と考えた。「**実存**」とは、人間の主体的なあり方。

　イ：正文。**ボーヴォワール**は、『**第二の性**』の中で「**人は女に生まれるのではない。女になるのだ**」と述べた**女性解放思想**（フェミニズム）論者。

　ウ：正文。**カミュ**は、人間が何の必然性もなくこの世に生まれ落ちるという**不条理**の中で生き続けることに、人間としての実存を求めた。

問5 【マルクス】　　16　　**正解：②** やや難

$\searrow$必要な知識$\swarrow$　**マルクスの思想に関する知識**

「生産力」と「生産関係」の説明が逆。**マルクス**は、歴史的な観点からは、生産力はつねに上昇する一方、使う者と使われる者という構造である生産関係はずっと固定化される傾向にあることを問題視した。すなわち、生産力が伸びればみなが豊かになっているはずなのに、実際には生産関係が変わらないため、一部の者だけが富を得ていることを批判した。

①・③・④は正文（＊「2021 年共通テスト」／第4問／問3の解説を参照）。

知識の確認

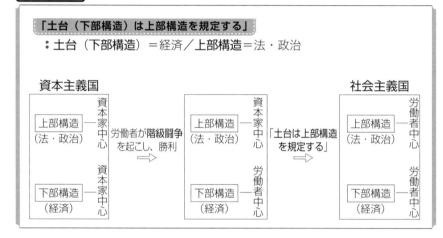

「**土台（下部構造）は上部構造を規定する**」
：土台（下部構造）＝経済／上部構造＝法・政治

問6 【社会主義思想】　　17　　**正解：⑧** やや難

$\searrow$必要な知識$\swarrow$　**社会主義思想に関する知識**

ア：「ベルンシュタイン」が入る。**ベルンシュタイン**は、労働者中心の社会を理想としながらも、**マルクス**が唱えた**唯物史観**や暴力革命を批判し、議会中心の穏健な社会改革によって社会主義国家を実現すべきだと説いた（**社会民主主義**）。

イ：「オーウェン」が入る。**オーウェン**は、工場経営の経験をもとに社会改革を試み、アメリカに**ニューハーモニー村**をつくったが失敗した。

ウ：「レーニン」が入る。マルクスの影響を受けた**レーニン**は、資本主義の最終段階である**帝国主義**を批判して**ロシア革命**を指導し、**社会主義国**を実現させた。

なお、**エンゲルス**は、マルクス『**共産党宣言**』の執筆や理論づけを助け、『**資本論**』を共同執筆した。**ウェッブ夫妻**は、イギリスにおいて社会主義者の団体である**フェビアン協会**を設立した。**ネルソン・マンデラ**は、アパルトヘイト（人種隔離政策）の廃止に尽力した南アフリカ共和国初の黒人大統領。

問7 【プラグマティズム】 ［ 18 ］ **正 解**：① 標準

必要な知識 **プラグマティズム**に関する知識

現実の生活や行動に即して実践的な知識や科学的思考を重視する思想を「**プラグマティズム（実用主義・有用主義）**」という。**イギリス経験論**の影響を受け、アメリカで発展した。

②：誤文。「**大陸合理論**」という記述は「**イギリス経験論**」の誤り。

③：誤文。「その思考はきわめて抽象的なものであり、実生活からは隔絶した思想である」という記述が誤り。プラグマティズムは、実生活上の行動に役立つ思考の体系である。

④：誤文。「科学的認識よりも」という記述が誤り。プラグマティズムは、実用性と同様、科学的認識も重視する。

知識の確認

プラグマティズムの思想家	
パース	すべての観念の源泉は行動と事実（プラグマ）である
ジェームズ	「**真理であるから有用、有用であるから真理**」：行為や事物の価値を**有用性**におく
デューイ	● 主著：『**民主主義と教育**』『**哲学の改造**』『**人間性と行為**』 ● **道具主義**：知性（創造的知性・実験的知性）は、生活上の問題を解決するための道具である

問8 【西洋現代哲学】 ［ 19 ］ **正 解**：③ 難

必要な知識 西洋現代哲学に関する知識

「小さな物語」を「大きな物語」に換えると正文となる。

フランスの哲学者である**リオタール**は、世界全体を単一の思想的枠組みによって解釈しようとする**大きな物語**は、多様化する現代社会では構築不可能であるとし、個々の具体的な状況の中で思索する**小さな物語**がふさわしいと説いた。

①・②・④は正文。

西洋現代哲学

デリダ	ポスト構造主義の代表的思想家。西洋社会で支配的な二元論的世界観を問い直そうと試みた。たとえば、この世界観においては、「自己は○○」という言説は、「他者は○○でない」という意味を自動的にもってしまう。また、「西洋人は論理的思考を好む」という言説は、意図せず「東洋人は論理的思考を好まない」ことを規定してしまう。彼は、こうした二項対立的な見方をいったん解体する脱構築を唱えた
レヴィナス	自分は倫理的存在でいられるためには、自分の理解を超えた異質な存在（他者）を受け入れる必要があると説き、近代哲学がそのような存在を認めていないことを批判した
ハンナ・アーレント	人間が営む実践的生活を「労働」「仕事」「活動」に区別し、生活の糧を得るための「労働」、作品や用具を製作するための「仕事」よりも、他者と交わり公共性を獲得するための「活動」が大切だと説いた
ソシュール	個々人の日常の会話（パロール）は、その個人が所属している共同体で共有されている言語体系（ラング）の中で関係づけられるとした
ウィトゲンシュタイン	科学が探究する事実問題と倫理的問題との混同を防ぐ必要から、「語りうるものはすべて明晰に語りうる。語りえぬものについては、沈黙せねばならない」と述べた。ただし、後年になって、言語を、そのつど文脈に即して適切な仕方でやり取りする活動（言語ゲーム）として考えるようになった
フッサール	世界を素朴に信じる「自然的態度」を変更し、世界の実在性についての判断をいったん停止し（エポケー）、内面の純粋意識に立ち返り、そこに表れる現象をありのままに記述する現象学を唱えた
ボードリヤール	人びとは消費社会において自分と他者とを区別する記号としてモノを消費している、つまり、人びとは商品の機能よりもその商品がもたらすイメージや記号としての意味を重視するようになっている、と考えた
ロールズ	すべての人びとが自由な状態におかれ、競争の機会を平等に与えられたうえで、社会の中で最も恵まれない人びとの生活が改善されるべきだと主張した（公正としての正義）

分析編

解答・解説編

2021年（第1日程）

予想問題・第1回

予想問題・第2回

予想問題・第3回

I

問1 【国会の地位】　20　正解：④　やや難

必要な知識　唯一の立法機関としての国会の役割に関する知識

　国会を「唯一の立法機関」とする日本国憲法第41条の文言には、考え方Xと考え方Yの2つの解釈があるが、それぞれには例外があり、考え方Y「国会の立法行為の過程には、国会以外のいかなる機関の参与も認められない」の例外に当たるのは④。憲法第95条にもとづくもので、国会が特定の地方公共団体のみに適用される特別法を制定する場合には、その地域の住民による投票が必要となる（特別法の住民投票）ため、この事例は、国会の立法過程において国会議員以外に住民の同意を必要とするという点で考え方Yの例外だと考えられる。

　①：最高裁判所の規則制定権、②：内閣の政令制定権、③：衆参両議院の規則制定権は考え方X「国会だけが立法を行なうことができる機関」の例外。

問2 【国会議員の地位】　21　正解：②　やや易

必要な知識　国会議員の権限や特権に関する知識

　免責特権についての正しい説明である。国会議員は、議院内で行なった演説・討論・表決について、院外で責任を問われることはない。国会議員の国会内での自由な討論を保障するためである。

　①：誤文。「任期中」は「会期中」の誤り。また、会期中であっても、現行犯の場合や、議院の許諾がある場合には、国会議員を逮捕することは可能である。

　③：誤文。国会議員は、選挙区の代表者であるだけでなく、全国民の代表者でもあり、全国民の利益のためにも行動しなければならない。

　④：誤文。有権者が投票によって国会議員を罷免する手続きない。

知識の確認

議員特権	
不逮捕特権	現行犯の場合や議院の許諾がある場合を除いて、会期中には逮捕されない
免責特権	議院内での演説・討論・表決について、院外で責任を問われることはない

歳費特権	相当額の歳費を受け取ることができる

問3 【議院内閣制】 22 正 解：④ 標準

> 必要な知識 　**内閣**の地位に関する知識

　国務大臣の不正が発覚して支持率が低下し、結果的に**内閣総辞職**に至る場合はありうるものの、憲法上はそのような規定はない。

　①・②・③は正文。

知識の確認

内閣総辞職となる場合

衆議院によって**内閣不信任決議**が可決した場合	内閣だけが総辞職するという場合と、衆議院を解散させて新しい衆議院議員を選ぶという場合に分かれるが、いずれにせよ、その後開催される**特別国会**で内閣は総辞職する
内閣総理大臣が欠けた場合	内閣総理大臣が死亡した場合、あるいは病気などで職務の遂行が困難になった場合には、内閣は総辞職する
衆議院が任期満了して、その後**臨時国会**が開催された場合	議院が4年の任期を満了した（つまり、任期中に解散しなかった）場合には、その後**臨時国会**が開催されて、内閣は総辞職する

問4 【内閣の権限】 23 正 解：③ 標準

> 必要な知識 　**内閣の権限**に関する知識

　日本国憲法第73条5項に規定がある。

　①：誤文。国会（衆参両議院）の権限。

　②：誤文。天皇の国事行為。

　④：誤文。国会（衆参両議院）の権限。

問5 【行政改革】 24 正 解：③ 標準

> 必要な知識 　**行政改革**に関する知識

　2000年に制定された**国家公務員倫理法**は、国家公務員が利害関係者から金銭・物品の贈与や接待を受けたりすることなどを禁止している。

　①：誤文。**天下り**を禁止する法律はない。

　②：誤文。**委任立法**を禁止する法律はない。

④：誤文。**行政監察官**（オンブズパーソン・オンブズマン）制度が国政レベルで導入されたという事実はない。

+αの知識

委任立法

法律の委任にもとづき、行政府が**政令**や**命令**などによって行なう立法。本来、法律の細部は国会での議論によって決められるが、**議員立法**が減り**委任立法**が増えると、民主国家の機能が低下する。

Ⅱ

問6 【司法機関】　　25　　**正解**：④　やや易

>**必要な知識**　日本の司法機関に関する知識

日本国憲法第76条は、**特別裁判所**の設置を禁止している。なお、**大日本帝国憲法**（明治憲法）下にあった戦前までは、**行政裁判所、皇室裁判所、軍法会議**などの特別裁判所が存在していた。

①：誤文。「最高裁判所の指揮のもとで」という記述が誤り。**裁判官**（判事）は、自己の良心と憲法と法律に従って裁判を行なう（**裁判官の独立**）。

②：誤文。**国民審査**を受けるのは**最高裁判所裁判官**のみである。

③：誤文。判決は必ず公開されるが、対審については、裁判官全員の同意があれば非公開にすることができる。ただし、政治犯罪や出版に関する犯罪については、対審も必ず公開される。

問7 【違憲審査制度】　　26　　**正解**：①　やや易

>**必要な知識**　違憲審査制度に関する知識

違憲審査制度は、「立法権の優位」ではなく、「司法権の優位」という考え方から導き出されたしくみであり、政治の場で軽視されがちな少数者の権利を守るために導入されている。法の制定は**多数決**によるため、多数者の意見は反映されるが、反対に、少数者の権利が損なわれるおそれがある。そのために、法律が国民の基本的人権を著しく侵害していると裁判所が判断した場合には、裁判所によって違憲審査制度が行使される。

②：誤文。そもそも、イギリスにはまとまった憲法典がない（**不文憲法**）。

③：誤文。違憲審査制度は、日本国憲法第81条に規定されている。ただし、日本の最高裁判所は、アメリカの**連邦最高裁判所**に比べると、違憲判決をそれほど積極的には出さない（**司法消極主義**）。

④：誤文。日本の場合、裁判所による違憲審査は、具体的な事件にともなって行使されるので、「だれでも直接」訴えを起こすことはできない。

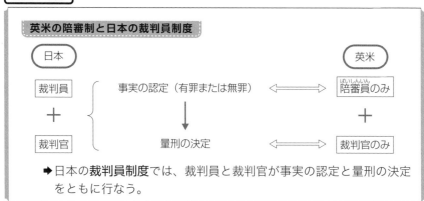
+αの知識

違憲審査制度は積極的に行使されるべきか

　裁判所が違憲審査制度を行使することに対しては、国民を直接代表しているわけではない裁判官が、国民の代表者が制定した法律を違憲や無効と判断することには慎重であるべきだという意見（**司法消極主義**）がある。これまで、日本の裁判所が、**砂川事件**などに対して、政治性の高い問題は司法の審査の範囲外であり審理できないとする**統治行為論**を出して憲法判断を回避したことは、その表れであるといえよう。

　ただし、他方では、少数者の人権を最後に守るのは「**憲法の番人**」としての裁判所の役割であるから、違憲判断をためらうべきではない、という意見もある（**司法積極主義**）。

問8 【市民の司法参加】　　27　　正解：①　やや易　思

必要な知識　とくになし

　a：「誤審が増えるという問題がある」が入る。空欄前後だけを読めば、「裁判官の独立が脅かされる」も入りそうではあるが、正解の決め手となるのは、その後ろにある生徒Fの発言「逆に感情に流されて、合理的な判断ができないおそれのほうが強いと思うよ。有罪を無罪と判断しかねない」である。

　b：「推定無罪の原則が脅かされる」が入る。空欄の直前にある生徒Gの発言「有罪を無罪と判断してしまうことよりも、無罪を有罪としてしまうことのほうが怖いな」がヒント。刑事事件では、だれでも、有罪が確定するまでは無罪として扱われる必要がある。

　ちなみに、「**一事不再理**」とは、一度判決が確定した事件については、再び刑事上の責任を問われることはない、という原則である。

知識の確認

英米の陪審制と日本の裁判員制度

日本		英米
裁判員 ＋ 裁判官	事実の認定（有罪または無罪）　⇔　量刑の決定　⇔	陪審員のみ ＋ 裁判官のみ

➡日本の**裁判員制度**では、裁判員と裁判官が事実の認定と量刑の決定をともに行なう。

問1 【図表：国政選挙の現状】 28 　正解：② やや難 思

必要な知識 とくになし

　資料1：衆議院は a 。衆議院議員の任期は4年で、解散がある。

　資料2：衆議院は A。全体的に、**衆議院議員総選挙**のほうが**参議院議員通常選挙**よりも投票率が高い傾向にある。

　資料3：衆議院は**イ**。衆議院議員総選挙の**比例代表制**は、全国を11ブロックに分けて実施される。それに対して、**参議院議員通常選挙**の比例代表制は、ブロック制を採用せず、全国を1単位として実施される。なお、アは、参議院選挙のうち、**選挙区制**のようすを表している。

知識の確認

衆議院と参議院の選挙制度	
衆議院議員総選挙	●小選挙区比例代表並立制 ●重複立候補（1人の候補者が小選挙区と比例代表の両方に立候補すること）が認められている ●比例代表制の選挙は、全国を11ブロックに分けて行なわれる ●比例代表制では、政党が事前に提出する被選挙人名簿に順位がつけられる（**拘束名簿式比例代表制**）
参議院議員通常選挙	●選挙区制＋比例代表制 ●重複立候補は認められていない ●選挙区制の選挙では、都道府県ごとの人口比によって定員が割り振られる ●比例代表制の選挙は、全国を1単位とする ●比例代表制では、政党が事前に提出する被選挙人名簿に順位がついていない（**非拘束名簿式比例代表制**） 　➡ただし、**特定枠**が導入され、各政党は優先的に当選させたい候補者を指定できる

問2 【日本の選挙制度】　　29　　正解：③　標準

>必要な知識<　選挙制度に関する知識

　公職選挙法のもと、各地域の役所などで投票日前に投票できる期日前投票が実施されている

　①：誤文。最高裁判所は、衆議院議員総選挙の選挙区制における議員定数不均衡について、これまで違憲判決を2度下したことはあるが、いずれの場合も選挙自体を無効とはしていない。

　②：誤文。インターネットを使って投票を行なう電子投票は認められていない。ただし、インターネットを用いた選挙運動は認められている。

　④：誤文。現在、在外選挙制度が実施されていて、在外日本人は、衆参両議院の選挙において、比例代表制だけでなく選挙区制でも投票が認められている。

知識の確認

定住外国人地方参政権訴訟〔1995年〕	日本に永住する外国人に、地方公共団体の選挙権が認められるかどうかが争われた事件。最高裁は、地方参政権を定住外国人に付与しないことは違憲ではないが、憲法は付与することを禁止してもいないとした
在外邦人選挙権制限規定違憲訴訟〔2005年〕	最高裁は、公職選挙法が在外日本人の選挙権を衆参両議院の比例代表制に限って認め、衆議院の小選挙区制、および参議院の選挙区制での投票権を認めていない事態は憲法に反する、という判決を下した

問3 【選挙における議席配分方式】　　30　　正解：②　やや難

>必要な知識<　ドント方式やアダムズ方式に関する知識

　　a　：「3」が入る。

　ドント方式とは、各政党の得票数を1から順番に整数（除数）で割り、その商の値の大きい順に議席を配分するというやり方。結果は以下のとおり。

分析編

解答・解説編

2021年（第1日程）

予想問題・第1回

予想問題・第2回

予想問題・第3回

表1　定数を5とする場合

政　　党	A党	B党	C党	D党
得 票 数	2,000	1,100	700	200
除数 ÷1	❶2,000	❷1,100	❹700	200
除数 ÷2	❸1,000	550	350	100
除数 ÷3	❺333.33…	183.33…	116.66…	33.33…
配分議席数	3	1	1	0

＊❶、❷、……の数字は、商が大きい順を示している。

　　b　：「5」が入る。

　アダムズ方式とは、各都道府県の有権者人口を、適当な整数（除数）で割った商の値（小数点以下は切り上げ）をその都道府県の議席数とするというやり方。まず、X～Z県の有権者数を適当な数、たとえば100,000で割ると、X県は18、Y県は11、Z県は8議席、つまり、合計37議席となり、定数10をオーバーしてしまう。そこで、400,000で割ると、X県は5、Y県は3、Z県は2議席、つまり、合計10議席となるので、この数字が適当だとわかる。

表2　定数を10とする場合

県	X県	Y県	Z県
有権者数	1,800,000	1,050,000	750,000
÷100,000	18	10.5(≒11)	7.5(≒8)
÷400,000	4.5	2.625	1.875
配分議席数	5	3	2

知識の確認

議員定数不均衡

A選挙区	有権者10万人	議員1人
B選挙区	有権者40万人	議員1人

本来、議員定数均衡に配慮するとすれば、有権者10万人のA選挙区から議員が1人選ばれた場合には、有権者40万人のB選挙区からは4人の議員が選ばれなければならないが、議員数は1人である。この場合、**一票の格差**は4倍となる。最高裁判所は、**衆議院議員総選挙**の**議員定数不均衡**は**法の下の平等**に反するとして、これまでに2度の違憲判決を出している。ただし、いずれの場合も選挙の無効（やり直し）までは命じなかった。

分析編

解答・解説編

2021年（第1日程）

予想問題・第1回

予想問題・第2回

予想問題・第3回

問4 【日本の政党政治】　31　**正解**：①　標準

必要な知識　日本の**政党政治**に関する知識

　1955年から始まる、**自由民主党（自民党）**と**日本社会党**を軸とした日本の**政党政治**を「**55年体制**」といい、1993年に**日本新党**の細川護熙内閣が誕生するまで続いた。この間には自民党が一貫して**与党**であったので、政権交代は起きていない。

知識の確認

日本の政党政治のおもな流れ		
年　　代	特　　徴	おもなできごと
1950年代	1と2分の1政党制	● 日本社会党の統一〔1955年〕 ● 保守合同：自由党＋日本民主党 　➡ 自由民主党の結成〔1955年〕
1960年代	**野党の多党化**	公明党や民主社会党の結成
1970年代	与野党伯仲期	**ロッキード事件** ：田中角栄元首相が関与した**汚職事件**
1980年代	自民党の復活とかげり	● 中曽根康弘内閣が3公社の**民営化**を実現 ● 竹下登内閣 　○ 消費税の導入（3%）〔1989年〕 　○ リクルート事件により退陣〔1989年〕
1990年代	**55年体制の終焉**	衆議院議員総選挙で自民党が過半数を割り、野党へ転落➡非自民連立内閣である細川護熙内閣が成立〔1993年〕
1990年代後半	自民党政権の維持	**村山富市内閣**：自民・社会・さきがけ連立政権 **橋本龍太郎内閣**：消費税の増税（5%）
2000年代〜2010年代前半	民主党政権	**小泉純一郎内閣**：郵政民営化の実施 **鳩山由紀夫内閣／菅直人内閣／野田佳彦内閣**
2010年代前半〜2020年代	自民党政権の復活	● 安倍晋三内閣 　○ アベノミクスの実施 　○ 消費税の増税（8%・10%） ● 菅義偉内閣 　○ 新型コロナウイルス感染症拡大防止に尽力 　○ デジタル庁の設置

分析編

解答・解説編

2021年（第1日程）

予想問題・第1回

予想問題・第2回

予想問題・第3回

問1【中小企業問題】 32 **正解**：② やや易

> **必要な知識** 中小企業問題に関する知識

『中小企業白書』（2020 年）によると、従業員数に占める割合は、**大企業**が 31.2％、**中小企業**が 68.8％であり、中小企業のほうが高い。

①・③・④はいずれも、内容的に正しい。

> **知識の確認**

中小企業問題

- **定　義**（中小企業基本法）

業　　種	資本金規模	従業員規模
製造業・建設業・運輸業	3 億円以下	300 人以下
卸売業	1 億円以下	100 人以下
小売業	5,000 万円以下	50 人以下
サービス業	5,000 万円以下	100 人以下

＊資本金規模、または従業員規模のいずれかの要件を満たせば中小企業に分類される。

- **形　態**

下請け	大企業である親会社から請け負い、部品生産などを行なう。不況期には契約が打ち切られてしまうこともある（**景気の調節弁**）
系列企業	おもに旧財閥系の**企業集団**内で子会社化されている。社長や役員は親会社から出向される場合が多く、経営の自主性が与えられていない

- **二重構造**：以下、すべての面で大企業が中小企業を上回っている。

資本装備率	労働者 1 人あたりの**固定資本**（工場、機械、設備など）の金額
労働生産性	労働者 1 人あたりの**付加価値生産額**
賃金	労働に対する対価

問2 【消費者問題】 　33　 　正 解：③　 やや易

>必要な知識< **消費者問題**に関する知識

　製造物責任法（PL法） は、製造者が過失の有無にかかわりなく商品の欠陥に責任を負うという**無過失責任主義**を採用している。

　①：誤文。「日本国憲法にも明文で規定されている」という記述が誤り。憲法にそのような規定はない。

　②：誤文。正しくは、「**消費者保護基本法**」が「**消費者基本法**」に改正されている。

　④：誤文。「取消料を払うことを条件に」という記述が誤り。**クーリング・オフ**は、一定期間内であれば**無条件**に契約を解消できるというしくみである。

　知識の確認

消費者保護の理念	
消費者主権	資源の生産と分配、および消費のあり方は消費者が決める、という考え方
消費者の4つの権利	ケネディ大統領が提唱。**安全を求める権利**、**知らされる権利**、**選ぶ権利**、**意見が聞き届けられる権利**

日本の消費者保護行政	
消費者保護基本法〔1968年〕	●事業者・消費者・国や自治体の役割を明確化 ●消費者からの苦情処理・**商品テスト**を実施
国民生活センター・消費生活センターの設立〔1970年〕	国民生活センターは国の機関で、消費生活センターは地方の機関
製造物責任法（PL法）〔1994年〕	製造者は、過失の有無にかかわりなく商品の欠陥に責任を負う
消費者契約法〔2000年〕	不当な契約の解除を可能にする
消費者基本法〔2004年〕	消費者保護基本法を改正。消費者の権利を明確化
消費者庁〔2009年〕	強力な総合調整権限と勧告権を有する

問 3 【外国為替】 34 正解 ：⑥ やや難

<必要な知識> 外国為替に関する知識

a ：「円安」が入る。空欄の直後に、「輸入品価格が上昇」とある。輸入品価格が上昇するのは円安の場合である。1 ドル = 100 円が 200 円の円安になると、1 ドルのハンバーガーの輸入品価格は 100 円から 200 円に上昇する。

c ：「低下」が入る。**a** で「円安」を選べれば、**b** には「円高」が入るとわかる。円高になると輸出品の価格が上昇するので、国際競争力が「低下」する。1 ドル = 200 円が 100 円の円高になると、200 万円の国産車のドル建て価格は 1 万ドルから 2 万ドルに上昇するので、国際競争力は低下する。

d ：「円安」が入る。安倍晋三内閣の経済政策であるアベノミクスにより一時円安が進み、自動車などの輸出産業の収益が上がった。

知識の確認

> **外国為替相場**
>
> 　変動為替相場制のもとでは、為替レートが需要と供給の関係にゆだねられる。
>
> | 円高・円安の
メカニズム | ● 円の需要が供給を上回る：需要＞供給➡円高
● 円の供給が需要を上回る：需要＜供給➡円安 |
> |---|---|
> | 円高・円安の
具体例
＊そのほかの
　条件が変わ
　らないと仮
　定する場合 | ● 外国人観光客が多く日本に訪れると、円の需要が増えるので、円高になる
● 多くの日本人が外国を訪れると、円の供給が増えるので、円安になる
● 金利が上昇した場合には、資金が外国から流入し、円の需要が増えるので、円高になる
● 物価が上昇した場合には、輸入が増え、円の供給が増えるので、円安になる |
> | 円高・円安の
影響 | ● 円高の場合：輸出品の価格が上昇し国際競争力が低下する
　　　　　　　一方、輸入品の価格は下落する
● 円安の場合：輸出品の価格が低下し国際競争力が上昇する
　　　　　　　一方、輸入品の価格は上昇する |

問1 【資料：女性の就業】 　35　 正解：① やや易 思

>必要な知識< 女性の社会進出に関する知識

　a：「専業主婦」が入る。生徒Aの最初の発言「1987年から2015年まで〜減少している」がヒント。**専業主婦**が減り、女性が労働者として社会進出する傾向が強まっているという知識があれば、解答は容易だろう。

　b：「両立」が入る。生徒Aの2つ目の発言「女性は〜家計と仕事というさらに重い負担を期待されている」がヒント。

　c：「非婚就業」が入る。 **a** ・ **b** が決まるので、消去法でこれが残る。また、近年における**非婚率**の上昇を考えれば難しくない。

問2 【日本の労働法制】 　36　 正解：④ 標準

>必要な知識< 日本の労働法制に関する知識

　女性差別撤廃条約の批准にともなって1985年に制定された**男女雇用機会均等法**の改正により、使用者に**セクシュアル・ハラスメント**の防止への配慮が義務づけられた。

　①：誤文。「いっさい禁止している」という記述が誤り。**労働三法**の一つである**労働基準法**第36条にもとづく**三六協定**が締結されれば、上限はあるものの、使用者は労働者に**時間外労働**（残業）や**休日労働**を行なわせることができる。なお、労働三法には、ほかに**労働組合法**と**労働関係調整法**がある。

　②：誤文。使用者が**労働組合**（ユニオン）に必要な経費を援助することは、**不当労働行為**として禁止されている。

　③：誤文。**仲裁**には法的拘束力が認められている。

労働基準法 〔1947 年〕：労働条件の最低基準を定める。

基本原則	● **法定労働時間**：1 日 8 時間・1 週 40 時間以内。週休 1 日以上 ● **所定外労働**：三六協定を締結すれば、使用者は労働者に**時間外労働（残業）**や**休日労働**を行なわせることが可能
労働時間を決めるしくみ	● **変形労働時間制（フレックス・タイム制）**：週 40 時間以内ならば、1 日あたりの労働時間を変更できるしくみ。1 日の出社・退社の時間を柔軟に定められる ● **裁量労働制**：実働時間に関係なく、一定の時間働いたものとみなすしくみ（**みなし労働時間制**）。労働時間の管理が労働者本人にゆだねられる

＊行政機関である**労働基準監督署**が、各企業が労働基準法を遵守しているかどうかを監視する。

労働組合法 〔1945 年〕

不当労働行為の禁止	使用者による労働組合活動への介入・干渉（資金援助を含む）、団体交渉の理由なしの拒否、組合活動に参加しないことを条件とする雇用契約（**黄犬契約**）などの禁止
刑事免責・民事免責	労働者による**争議行為**が正当なものである場合、刑事上および民事上の責任は免除される
労働委員会	**使用者委員、労働者委員、公益委員**からなる**行政委員会**。使用者と労働組合の争議を調整

労働関係調節法 〔1946年〕

争議行為 (労働争議)	● 労働組合 　○ ストライキ（同盟罷業^{ひぎょう}）：労働を拒否する 　○ サボタージュ（怠業^{たいぎょう}）：労働効率を意図的に低下させる ● 使用者 　○ ロックアウト（作業所閉鎖） 　　：労働者に圧力をかける
争議調整	● 斡旋^{あっせん}：当事者間での解決を促す ● 調停：委員会から解決案を提示。法的拘束力なし ● 仲裁^{ちゅうさい}：委員会が解決方法を決定。法的拘束力あり

問3 【社会保障制度】　　37　　正解：①　標準

必要な知識　医療保険および年金保険に関する知識

　年金保険の保険料を調達する方法として、現在は賦課^{ふか}方式を採用。

　②：誤文。現在、国民年金は、20歳以上の国民に加入する義務がある基礎年金である。

　③：誤文。後期高齢者医療制度では、75歳以上の高齢者に対して、原則として1割の自己負担を定めている。

　④：誤文。国民健康保険は、自営業者などが加入する医療保険。

社会保険

医療保険	• 業務外の病気やけがに適用。❶〜❸いずれかへの加入が必要 ❶ **健康保険**：一般民間被用者（サラリーマン）が対象 ❷ **国民健康保険**：自営業や農家などが対象 ❸ **共済組合**：公務員などが対象 • **後期高齢者医療制度**：75歳以上の高齢者が対象。原則として1割の自己負担
年金保険	• 高齢者や障害者の生活保障。❶は全員加入 ❶ **国民年金**：20歳以上の全国民加入の基礎年金 ❷ **厚生年金**：一般民間被用者と公務員用が対象 • 財源問題 　○ **積立方式**：自分で積み立てた分を老後に受け取る 　　➡物価の上昇に対応できない 　○ **賦課方式**：現在、事実上採用されている方式。現役世代の保険料をそのまま高齢者の年金に回す 　　➡少子化に対応できない
雇用保険	失業時に給付される。保険料は、事業主と労働者で折半
労働者災害補償保険 （労災保険）	業務上の病気やけがに適用。事業主が保険料を全額負担する
介護保険〔2000年〕	• 市町村および特別区が管理・運営 • 保険料は、40歳以上の全国民が負担。利用者も、原則として1割の自己負担

問4 【ローレンツ曲線とジニ係数】　38　 正解 :②

>必要な知識<　とくになし

　問題文にもあるように、**ローレンツ曲線**では、所得格差が大きく（小さく）なればなるほど下方の膨らみが大きく（小さく）なる。

　X :「**a**から**b**」が入る。年金給付額の水準を引き下げた場合には、ほかの条件に変化がなければ**所得の再分配機能**が緩められるので、所得の高い現役世代と低所得者の多い高齢者世代の所得格差が大きくなる。したがって、ローレンツ曲線の下方の膨らみが大きくなるので、**a**から**b**に変化する。

　Y :「大きくなる」が入る。ローレンツ曲線が**a**から**b**に変化すると、**ジニ係数**を表す式のうち、分子の値が大きくなる。

　Z :その結果、ジニ係数は「1」に近づく。

MEMO

MEMO

MEMO

MEMO

河合　英次（かわい　えいじ）

　河合塾公民科講師。1971年生まれ。大阪府出身。近畿地区や中部地区でライブ授業、「河合塾マナビス」で映像授業を担当。

　大学（院）時代は国際法を専攻。大学の研究室で10年間研究を続けたがモノにならず、自分はだれからも必要とされていない人間ではないかと自暴自棄に陥る。そんなときに予備校講師となり、生徒たちがそんな自分に頼ってくれていることに気づく。何とかしたい、そう思い続けて15年以上が経過した。

　講義は白熱授業。あまりに興奮して前のめりになり、教壇から落ちたこともある。今でも、講義が終わって家に帰ってから「どうすればもっとわかりやすく伝えられるのか」「どう話せばみんなの理解がより深まるのか」を考えて反省の時間を過ごし、汗だくになりながら教壇に立つ。

　ゲーテの言葉「人間は、努力するかぎり迷うものである」を愛する。

　著書に、『改訂版　カリスマ講師の　日本一成績が上がる魔法の倫理、政治・経済ノート』『大学入学共通テスト　現代社会予想問題』『直前30日で9割とれる　河合英次の　共通テスト現代社会』（以上、KADOKAWA）などがある。

だいがくにゅうがくきょうつう
大学入学共通テスト
りんり　せいじ　けいざいよ　そうもんだいしゅう
倫理、政治・経済予想問題集

2021年10月22日　初版発行

著者／河合　英次
かわい　えいじ

発行者／青柳　昌行

発行／株式会社KADOKAWA
〒102-8177　東京都千代田区富士見2-13-3
電話　0570-002-301（ナビダイヤル）

印刷所／株式会社加藤文明社印刷所

●お問い合わせ
https://www.kadokawa.co.jp/（「お問い合わせ」へお進みください）
※内容によっては、お答えできない場合があります。
※サポートは日本国内のみとさせていただきます。
※Japanese text only

定価はカバーに表示してあります。

©Eiji Kawai 2021　Printed in Japan
ISBN 978-4-04-605193-6　C7030

大学入学共通テスト

倫理、政治・経済

予想問題集

別　冊

問　題　編

この別冊は本体に糊付けされています。
別冊を外す際の背表紙の剥離等については交換いたしかねますので、本体を開いた状態でゆっくり丁寧に取り外してください。

大学入学共通テスト
倫理、政治・経済予想問題集　別冊もくじ

別　　冊

問 題 編

本　　冊

はじめに
この本の特長と使い方

分 析 編

2021 年 1 月実施　共通テスト・第 1 日程の大問別講評
共通テストで求められる学力
共通テスト対策の具体的な学習法と心がまえ
「倫理、政治・経済」の分野別対策

解 答・解 説 編

2021 年 1 月実施　共通テスト・第 1 日程　解答／解説
予想問題・第 1 回　解答／解説
予想問題・第 2 回　解答／解説
予想問題・第 3 回　解答／解説

2021年1月実施

共通テスト
第1日程

100点／60分

第1問 高校生ＸとＹが，「恥」について交わした次の会話を読み，下の問い（**問1～4**）に答えよ。なお，会話と問いのＸとＹは各々全て同じ人物である。（配点　12）

Ｘ：いやぁ，さっきの授業での発表，間違えてしまって，恥ずかしいなぁ。

Ｙ：気にしなくていいんじゃない？　たとえ間違えたとしても，みんなの参考になるという意味では，クラスという⒜共同体への貢献だし。周りの評判を心配して，⒝恥ずかしがることではないでしょ。

Ｘ：うーん，周りの評判は関係なくて…。正直に言うと，準備を怠けていたことに気付いて，恥ずかしくなるんだよね。もっと頑張るべきだったって。

Ｙ：なるほど。恥は他人の目線がなくても，自分の足りないところに気付いたり，自分の⒞理想的な生き方に反したときにも感じるんだね。⒟恥は自分の外にも内にも原因を持ち得るってことか。

Ｘ：恥って，なんとなく嫌だなあって思ってたけど，調べてみると面白いかも。

問1　下線部⒜に関連して，共同体や社会をめぐる思想についての説明として最も適当なものを，次の①～④のうちから一つ選べ。　■1■

①　ペテロ（ペトロ）らは，イエスが死後に復活したと信じ，彼を救世主（キリスト）とみなす教団を形成した。

②　荀子は，社会に秩序がもたらされるためには，人間に本性的に備わる欲望が，自然と落ち着いていくことを待つ以外にないと考えた。

③　董仲舒は，天人相関説を唱え，自然災害は，善政を敷く君主の統治する社会においてこそ起こると説いた。

④　スンナ派では，預言者の血統を受け継いだカリフが，ムスリムの共同体（ウンマ）を治めるべきだとされる。

問2　下線部⒝に関連して，次のページの**メモ**は，信仰を「恥」と関連付けるパウロの言葉を，Ｘが書き出したものである。■a■～■c■に入る語句の組合せとして正しいものを，次のページの①～④のうちから一つ選べ。　■2■

メモ

　パウロは，「わたしは　a　を恥としない。　a　は，　b　，信じる者すべてに救いをもたらす神の力だからです」と述べ，そして「人が義とされるのは　c　の行いによるのではなく，信仰による」と説いた。

① **a** 福　音　　**b** ギリシア人ではなく，ユダヤ人であれば
　 c 律　法

② **a** 福　音　　**b** ユダヤ人をはじめ，ギリシア人にも
　 c 律　法

③ **a** 律　法　　**b** ギリシア人ではなく，ユダヤ人であれば
　 c 福　音

④ **a** 律　法　　**b** ユダヤ人をはじめ，ギリシア人にも
　 c 福　音

問3　下線部ⓒに関して，理想的な生き方を考察したヘレニズムの思想家についての説明として最も適当なものを，次の①〜④のうちから一つ選べ。
　　 3

① エピクロスは，あらゆる苦痛や精神的な不安などを取り除いた魂の状態こそが，幸福であると考えた。

② エピクロスは，快楽主義の立場から，いかなる快楽でも可能な限り追求すべきであると考えた。

③ ストア派の人々は，人間の情念と自然の理法が完全に一致していることを見て取り，情念に従って生きるべきだと考えた。

④ ストア派の人々は，いかなる考えについても根拠を疑うことは可能であり，あらゆる判断を保留することにより，魂の平安を得られると考えた。

問4　下線部ⓓに関連して，恥じ入ることを「慚愧に堪えない」と言うが，次の**資料**は，上座部仏教の思想家が，「慚」と「愧」という恥に関わる概念について論じたものである。ＸとＹは，この**資料**を読み，2ページにおけるＸの恥の感じ方について話し合った。会話中の　**a**　・　**b**　に入る語句の組合せとして最も適当なものを，次の①〜④のうちから一つ選べ。　**4**

資　料

　……慚は自己に由来し，愧は（他者という）外的な原因を持っている。慚は自分自身によって引き起こされ，愧は外的な世界によって引き起こされる。慚は慎みという人間の内的な本性に根ざし，愧は（他者への）恐れという本性に根ざしている。

（ブッダゴーサ『アッタサーリニー』より）

Ｙ：Ｘは，　**a**　恥ずかしくなったと言っていたね。

Ｘ：うん，そうなんだ。これは，**資料**の言葉を使えば，　**b**　が働いていたと言えるね。

Ｙ：他人の目を恐れたのではなく，自分自身を謙虚に振り返ることで，恥を感じたんだね。立派だねえ。

Ｘ：いや，それほどでも。そうだ，せっかく恥についてここまで調べたんだから，レポートにまとめてみようっと。

① **a** 失敗した発表についての周りの評判が悪かったので　**b** 慚

② **a** 失敗した発表についての周りの評判が悪かったので　**b** 愧

③ **a** 十分に準備をした上で発表に臨めていなかったので　**b** 慚

④ **a** 十分に準備をした上で発表に臨めていなかったので　**b** 愧

第2問 以下を読み，下の問い（**問1～4**）に答えよ。（配点 12）

Ⅰ 「日本における時間の捉え方と人生観・世界観」について，クラスを3つの班に分けて調べることにした。1班は古代から中世を担当した。

問1 『古事記』について調べていた高校生Aは，世界の始まりに関する次の**資料**を，先生から紹介された。『古事記』の内容を踏まえて，**資料**から読み取れる内容として最も適当なものを，次の①～④のうちから一つ選べ。　5

> **資　料**
> 　最初にカオスが生じた。それから次に生じたのは，広き胸のガイア（大地）……，またガイアは，実りもたらさぬ海，大波荒れるポントス（大海）をも，情愛なくして生んだ。それから，ウラノス（天）と結ばれ，深く渦巻くオケアノス（大河）を生んだ。
> （ヘシオドス『神統記』より）
> （注）　ガイア，ポントス，ウラノス，オケアノスは，それぞれ自然を人格化した神の名

① 『古事記』では，究極の唯一神が天地を創造したとされるが，**資料**には，ガイアから生まれたポントスやオケアノス等，複数の神々が描かれている。

② 『古事記』では，究極の唯一神が天地を創造したとされるが，**資料**には，ウラノスが生んだポントスやオケアノス等，複数の神々が描かれている。

③ 『古事記』には，天地を創造した究極の唯一神は登場せず，**資料**にも，ガイアから生まれたポントスやオケアノス等，複数の神々が描かれている。

④ 『古事記』には，天地を創造した究極の唯一神は登場せず，**資料**にも，ウラノスが生んだポントスやオケアノス等，複数の神々が描かれている。

問2　次ページのノートは，次の絵に関する**先生の指摘**と，高校生Bがこの絵を見て**感じた疑問**，さらにその疑問について B 自身が**調べた結果**を書き留めたものである。ノート中の　a　・　b　に入る記述の組合せとして正しいものを，次のページの①～④のうちから一つ選べ。　6

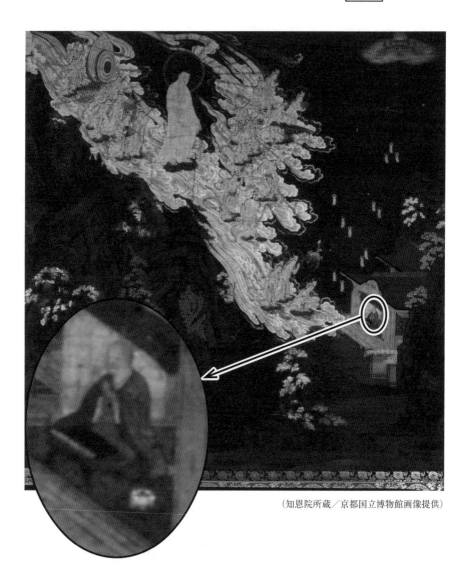

（知恩院所蔵／京都国立博物館画像提供）

ノート

先生の指摘

・右下の屋敷内に手を合わせた人物がいる。

・右下の人物のもとへ雲に乗った仏や菩薩たちがやって来ており，その中心にひときわ大きな仏が描かれている。

感じた疑問

(i) ひときわ大きな仏は，何者なのか。

(ii) この仏や菩薩たちは，何をしにやって来たのか。

(iii) どうしてこのような絵が描かれたのか。

調べた結果

(i) ひときわ大きな仏は，阿弥陀仏である。

(ii) この仏や菩薩たちは，　**a**　ためにやって来た。

(iii) 平安時代後期から鎌倉時代にかけて，「今は　**b**　時代なのだ」と強く意識された。そのような時代には，阿弥陀仏の力に頼るしかないと考えられたため，このような絵が描かれた。

---

① **a** 右下の屋敷内の人物を極楽往生に導く

　b 仏の教えだけが残っており，正しい修行も悟りもない

② **a** 右下の屋敷内の人物を極楽往生に導く

　b 仏の教えとそれに基づく修行のみが存在し，悟りのない

③ **a** 右下の屋敷内の人物に現世利益をもたらす

　b 仏の教えだけが残っており，正しい修行も悟りもない

④ **a** 右下の屋敷内の人物に現世利益をもたらす

　b 仏の教えとそれに基づく修行のみが存在し，悟りのない

Ⅱ 次のレポートは，江戸時代を担当した2班の高校生Cがまとめたものの一部である。

問3 レポート中の　a　・　b　に入る語句や記述の組合せとして正しいものを，次の①〜④のうちから一つ選べ。　7

レポート

　江戸時代に入ると，儒者たちは，現実的な人間関係を軽視するものとして仏教を盛んに批判し始めた。そうした儒者の一人であり，徳川家康ら徳川家の将軍に仕えた　a　は，「持敬」によって己の心を正すことを求めた儒学を講じ，　b　と説いた。一方，泰平の世が続き都市経済が発展するとともに，中世以来の厭世観^{えんせい}とは異なる現世肯定の意識が町人の間に育まれていった。その過程で，武家社会と異なる様々な文化や思想が町人社会にも形成されていくこととなった。

① a 林羅山
　b 「理」を追求するのではなく，古代中国における言葉遣いを学び，当時の制度や風俗を踏まえて，儒学を学ぶべきである
② a 林羅山
　b 人間社会にも天地自然の秩序になぞらえられる身分秩序が存在し，それは法度や礼儀という形で具現化されている
③ a 荻生徂徠
　b 「理」を追求するのではなく，古代中国における言葉遣いを学び，当時の制度や風俗を踏まえて，儒学を学ぶべきである
④ a 荻生徂徠
　b 人間社会にも天地自然の秩序になぞらえられる身分秩序が存在し，それは法度や礼儀という形で具現化されている

Ⅲ　下の会話は，近現代を担当した３班の高校生Ｄと先生が，大正期に描かれた次のポスターについて交わしたものである。

（絵葉書資料館蔵）

先生：このポスターのテーマは「今日もまた流會（流会）か」です。決められた
　　　時間に人が集まらず，会議が開けない当時の状況を風刺したものです。

Ｄ　：風刺したということは，時計の時間を守って行動することが近代になっ
　　　て奨励されたのに，そうしない人たちもいたってことですよね。

先生：現代では，時計によって計測される時間は，誰にとっても同じ速さで直
　　　線的に進んでいくもの，と考えられています。ただ，こうした時間意識
　　　とは異なる時間の考え方も，ほかの時代には存在します。

Ｄ　：時計の時間を生活の基準にしようとする(a)近代以降の社会のあり方が，
　　　当たり前ではないということですね。

先生：当時の生活文化が垣間見えるこのポスターからも，近代以降の時間意識
　　　を考えることが可能なのです。皆さんが当たり前だと思っている時間理
　　　解を改めて捉え直すことで，現代に生きる私たちの生活のあり方を問い
　　　直すこともできるのではないでしょうか。

問4 下線部ⓐに関連して，次の**ア〜ウ**は，近代以降の社会や思想のあり方を考察した思想家についての説明であるが，それぞれ誰のことか。その組合せとして正しいものを，次の①〜⑥のうちから一つ選べ。 8

ア 近代社会を担う主体性の確立を思想的課題として位置付け，伝統的な日本の思想のあり方を，様々な思想の「雑居」にすぎないと批判した。

イ 近代批評の確立を目指すとともに，明治以来，思想や理論が，その時々の流行の「意匠」として弄ばれてきたと批判した。

ウ 国家や社会組織の本質を問い直す『共同幻想論』を著すとともに，大衆の実生活に根ざす，自立の思想の確立を目指した。

① ア 小林秀雄　　イ 吉本隆明　　ウ 丸山真男
② ア 小林秀雄　　イ 丸山真男　　ウ 吉本隆明
③ ア 吉本隆明　　イ 小林秀雄　　ウ 丸山真男
④ ア 吉本隆明　　イ 丸山真男　　ウ 小林秀雄
⑤ ア 丸山真男　　イ 小林秀雄　　ウ 吉本隆明
⑥ ア 丸山真男　　イ 吉本隆明　　ウ 小林秀雄

第3問 次の文章を読み，下の問い（問1～4）に答えよ。（配点 12）

　眼前の敵を撃つ瞬間，多くの兵士がためらうという。任務を遂行した自分を責め，長く苦しむ事例も多い。ためらいも，自責も，悪を拒もうとする人間の良心から生まれる。その良心をめぐる，西洋近現代の思想の流れをたどってみよう。

　古来の関心事であった良心の働きに新たな光を当てたのが，16世紀のルターである。彼は，教会や聖職者の教えにではなく，悪を禁じる神の下にある各自の良心にのみ，人は従うべきだと主張した。その後，17世紀の合理主義哲学では，人間の精神に固有の力が重要視される。(a)デカルトは意志の力で，スピノザは理性の力で，人は他者を傷つけることを自ら思いとどまり，それによって，良心の呵責(かしゃく)に囚(とら)われる可能性を排除できる，と考えた。

　とはいえ，精神の力で常に自らを律するのは，必ずしも容易なことではない。こうした観点から，18世紀における文明社会の現実を見据えて，(b)ルソーが良心と社会の関係を問題にした。さらにカントは，良心を，自らが道徳法則に従っているか否かを自分に問いただす「内なる法廷」になぞらえ，人間が状況に影響されずに正しく振る舞う可能性を追求した。他方で，19世紀半ば，キルケゴールは，良心の呵責がもたらす絶望こそが人間の(c)「実存」のあり方を左右すると説いた。

　20世紀の思想家たちは，新たな現実の中で，改めて，次の二つの問いに向き合うことになった。すなわち，良心の声はどこから聞こえてくるのか？　そして，その声が時に途絶えてしまうのはなぜなのか？　最初の問いに，ハイデガーは，「良心の呼び声は，私の内から，しかも私を超えて訪れる」と答えている。二つ目の問いに関してアーレントは，良心の痛みを感じずにホロコーストを担った人々の存在を踏まえ，巨大な組織の下した決定に従うとき，人はしばしば善悪の判断を放棄し，それによって良心を自ら麻痺(まひ)させてしまう，と考えた。

　しかし，冒頭の兵士たちの苦しみは，こうした麻痺を拒もうとする力もまた人間には備わっていることを，示している。私たち自身にも，人を傷つける前にためらい，あるいは傷つけた後に悔やみ，苦しんだ経験があるだろう。それが良心の声を聞くということであるならば，誰にでも，日々の生活の中で(d)「その声はどこから？」と問い，自分なりの答えを探し求めることができるのではないだろうか。

問1 下線部ⓐに関して，デカルトが説いた「高邁の精神」についての説明として最も適当なものを，次の①〜④のうちから一つ選べ。 | 9 |

① 高邁は，自分が独断，偏見，不寛容に陥っていないかどうか謙虚に自己吟味を続ける，懐疑主義的な精神である。

② 高邁は，あるがままの人間の姿を現実生活に即して観察し，人間の本来的な生き方を探求する，モラリストの精神である。

③ 高邁は，身体と結び付いた情念に左右されることなく，情念を主体的に統御する，自由で気高い精神である。

④ 高邁は，絶対確実な真理から出発することで，精神と身体・物体とを区別し，機械論的な自然観を基礎付けようとする，合理論的な精神である。

問2 下線部ⓑに関して，次の文章は，世間の中に置かれた良心のあり方について，ルソーが述べたものである。その内容を身近な事例に置き換えた記述として最も適当なものを，次の①〜④のうちから一つ選べ。 | 10 |

　良心は内気である。……世間の喧騒（けんそう）は良心をおびえさせる。良心は社会的通念の産物であると一般に考えられているが，社会的通念こそ，むしろ，良心の最も残酷な敵なのである。この敵に出会うと，良心は逃げ出すか，押し黙る。良心は，誰にも相手にされなくなって意欲をなくし，何も語らなくなり，応答しなくなる。そうやって良心のことを無視し続けていると，容易に追い払えなかったはずの良心をもう一度呼び戻すことはとても難しくなる。

（『エミール』より）

---

① 嘘（うそ）をついた後に良心が感じるやましさは，嘘が必要な場合もあるという社会の通念への反発から，逆にいっそう強くなっていくものである。

② たとえ，年長者には従うのが世間の常識だったとしても，年長者の命令が自分の良心に照らして不正なら，そうした命令に従う人は誰もいない。

12

③　困っている友達を見捨てた後で良心が苛まれるのは，良心を生み出した世の中のモラルによれば，友人は大切にするべきものであるためだ。

④　苦境にあえぐ人たちの存在を知って良心が痛んだとしても，彼らのことを軽視する風潮に流されているうちに，その痛みを感じなくなってしまう。

問3　下線部ⓒに関して，次のア〜ウは，キルケゴールが説いた実存の三段階についての説明である。その組合せとして最も適当なものを，次の①〜⑥のうちから一つ選べ。　11

　ア　自分の社会的な債務を引き受け，それを果たそうと努力するさなかで，自分の力の限界を思い知らされた状態。

　イ　自分自身の無力さに打ちのめされて苦しむさなかで，自らを神の前に立つ単独者として発見するに至った状態。

　ウ　その場限りの感覚的な快楽を際限なく追い求めるさなかで，欲望の奴隷となって自分を見失った状態。

①　第一段階—ア　　　第二段階—イ　　　第三段階—ウ
②　第一段階—ア　　　第二段階—ウ　　　第三段階—イ
③　第一段階—イ　　　第二段階—ア　　　第三段階—ウ
④　第一段階—イ　　　第二段階—ウ　　　第三段階—ア
⑤　第一段階—ウ　　　第二段階—ア　　　第三段階—イ
⑥　第一段階—ウ　　　第二段階—イ　　　第三段階—ア

問4　下線部ⓓに関連して，次の会話は，11ページの文章を読んだ高校生Sと先生Tが交わしたものである。会話と文章の内容を踏まえて，**a**に入る先生Tの言葉として最も適当なものを，次のページの①〜④のうちから一つ選べ。　12

　S：先生，「良心の声はどこから聞こえてくるのか」って，考えようにもどう考えたらいいのか，取っ掛かりが見付けられないんです。

　T：それなら，「良心」に対応する英語conscienceがヒントになりますよ。

語源に遡ると，この言葉は con と science に分解できて，con は「〜
と共に」，science は「知る」が元の意味。二つが組み合わさって
conscience となる場合，「〜」には「誰か」が入ります。

S：じゃあ，conscience の語源的な意味は，「誰かと共に，知る」，です
　　か？

T：そう。ただし，この場合の「知る」は，知識を得るという一般的な意
　　味ではありません。「誰かと共に，知る」は，自分が「誰かと共に」い
　　るということに気付き，その「誰か」の存在を尊重しようとすること
　　だと言えます。反対に，尊重せず，傷つければ，人は良心に痛みを感
　　じますね。

S：そうか，良心の痛みは，他の人を大切にしなさいという合図なんです
　　ね。そのことと，「良心の声はどこから？」の問いも関係しているので
　　すか？

T：考えがまとまってきましたね。もう一歩先に進めると，この「誰か」
　　は必ずしも他の人に限られません。人を傷つけたことで良心が痛むと
　　き，痛みを感じている本人もまた傷ついている。だとしたら，良心の
　　痛みは，自分のことを大切にしなさいという合図でもあるでしょう。
　　改めて，conscience の語源の観点から，先ほど読んだ，良心をめぐる
　　西洋近現代思想の流れについての文章を振り返ってみてください。人
　　の良心，すなわち「誰かと共に，知る」の　**a**　，ということに気付
　　くのではありませんか。

①　「誰か」として，各自の周りにいる人々が最も重要だとされてきた
②　「知る」働きこそ，道徳や倫理を支える唯一の根拠であると考えられて
　　きた
③　「誰か」とは，自分を見つめる自分自身のことだとされる場合もあった
④　「知る」働きが停止してしまう危険性は，問題にされてこなかった

第4問 高校生PとQが交わした次の会話を読み，下の問い（**問1～3**）に答えよ。なお，会話と問いのPとQは各々全て同じ人物である。（配点　14）

P：昨日の世界史の小テスト，難しかったよね。歴史を覚えるのは苦手だなぁ。

Q：そう？　楽勝だったけどな。それにしても，「歴史を覚える」だなんて言っちゃって，歴史の本質が分かってないね。だからテストもできないんだよ。

P：意地悪な性格だなぁ。過去の事実を正しく記録したのが歴史でしょ？

Q：いや，この前，倫理の先生と歴史について議論したんだけど，歴史って，過去をありのままに書いたものではなく，見方次第で様々に書けるんだって。

P：嘘の歴史を作るの？　マスメディアで話題のフェイクニュースみたいに？

Q：違う違う，過去の「どの」出来事を「どう」書くべきかに正解がないってこと。

P：過去の理解が人によって違うって話？　世界史のテストが楽勝だった誰かさんには，昨日は良い日だっただろうけど，自分には最悪の日だったように。

Q：過去の理解が人によって違うだけじゃないよ。一つの過去でも多様に理解できるんだ。例えば，世界史では(a)落ち込んだけど，昨日はPが得意な英語のテストもあったよね。英語にも目を向けたら，同じ昨日を違う仕方で語れるよ。

P：そんなのは個人の次元の話じゃないか。国や社会の歴史も自由に書くの？それだと正しい歴史がなくなってしまうよ。

Q：正しい歴史なんて一つに決められる？　国の偉い人が決めたら正しいの？

P：いやいや，立場や境遇が異なる様々な人が議論していくのが大切だよ。

Q：ほら，立場の違いに応じて歴史の書き方が複数あると認めているじゃないか。

P：でも，史料を厳密に研究するとか，正しさを高めることはできるはずだよ。

Q：史料の意義は否定しないよ。でも，史料の取捨選択や解釈は避けられないよ。

P：だとしても，何でも恣意的に取捨選択していいの？　例えば，戦争など
　　の⒝犠牲者を歴史から消してはダメだよ。記憶すべき事実はあると思う
　　な。

Q：うーん，それは確かに…。ただ，過去を多様に書くというのは，忘れら
　　れつつある人々に新たに光を当てて歴史を書くことにもつながるんじゃ
　　ないかな。

P：そうか，過去を多様に書けるからこそ，よりよく書くこともできるわけ
　　か。

Q：いやぁ，⒞歴史をどう書くべきかは難しいね。自分ももっと考えないと。

問1　下線部⒜に関して，次の文章は，青年期における様々な葛藤やストレス
　　についての説明である。文章中の　a　・　b　に入る語句の組合せとし
　　て最も適当なものを，次の①〜⑥のうちから一つ選べ。　13

　　　フロイトは，　a　の対立を調整しようとすると考えた。しかし，それ
　　ができないことで葛藤が生じると，無意識的にバランスを取って心の安定
　　を図る機能が働く。防衛機制の理論は，このような考え方から生み出され
　　た。
　　　無意識の重要性を説いた精神分析に対して，意識の側に着目した昨今の
　　ストレス理論では，様々なストレスを抱えた場合の対処方法が幾つかある
　　と言われている。「ストレスとなる問題や状況に目を向けて，それらを変え
　　る方法を模索する対処」は問題焦点型対処と呼ばれ，他方，「状況そのもの
　　を変えられない場合に，ストレスとなる状況に伴う情動を軽減することを
　　試みる対処」は情動焦点型対処と呼ばれる。
　　　例えば，世界史の小テストの成績が悪かったPが，　b　場合，それは
　　問題焦点型対処に該当する。

①　a　エス（イド）が自我と超自我
　　b　「落ち込んでも仕方ない」と気持ちを切り替えようとする
②　a　エス（イド）が自我と超自我
　　b　「今回は運が悪かった」と思い込もうとする
③　a　エス（イド）が自我と超自我

16

  b 勉強不足が原因だと分析し，計画的に勉強しようとする

④ **a** 自我がエス（イド）と超自我

  b 「落ち込んでも仕方ない」と気持ちを切り替えようとする

⑤ **a** 自我がエス（イド）と超自我

  b 「今回は運が悪かった」と思い込もうとする

⑥ **a** 自我がエス（イド）と超自我

  b 勉強不足が原因だと分析し，計画的に勉強しようとする

問 2 下線部ⓑに関連して，次の図と文章は，ある大学病院に置かれた石碑の写真と，それをめぐる P と Q の会話である。15・16 ページの会話も踏まえて，文章中の **a** ・ **b** に入る記述の組合せとして正しいものを，次の①～④のうちから一つ選べ。 **14**

図 実験動物慰霊碑

Q：この石碑，いろんな動物が供養されているんだね！

P：これは，薬の開発などで，大学病院で実験の犠牲となった動物のために造られた慰霊碑みたいだよ。

Q：そうか…。動物実験のことなんて意識していなかったよ。この石碑を見て，犠牲者の歴史については **a** という P の立場を思い出したよ。

P：それだけじゃなく，動物も慰霊の対象にしようという発想を知って，「自然の生存権」の基礎にある， **b** という考え方も思い出したよ。

① **a** 正しい書き方は決められず，その書き方は全て自由にするべきだ

  b 現代の人間にとって有用な自然を優先的に保護する

② **a** 正しい書き方は決められず，その書き方は全て自由にするべきだ

　　b 人間だけでなく自然そのものにも価値があることを認める

③ **a** 恣意的な取捨選択に委ねず，忘れることなく書かれるべきだ

　　b 現代の人間にとって有用な自然を優先的に保護する

④ **a** 恣意的な取捨選択に委ねず，忘れることなく書かれるべきだ

　　b 人間だけでなく自然そのものにも価値があることを認める

問3 下線部ⓒに関連して，倫理の授業の中で，思想家ベンヤミンが歴史の書き方について論じた次の文章を踏まえて，各自が自分の考えをレポートにまとめることになった。次の(1)・(2)に答えよ。

> 　年代記を書く人は，様々な出来事を，大小の区別を付けずにそのまま列挙していく。そのことによって，かつて起こったことは何一つ歴史にとって失われてはならない，という真理を考慮に入れているのだ。ただ，人類が自らの過去を完全な姿で手中に収めることができるのは，人類が解放されたときである。……そのとき，人類の生きたあらゆる瞬間が，呼び戻されることになるのだ。
>
> 　　　　　　　　　　　　　　　　　　　　（「歴史の概念について」より）

(1) 次の会話は，この文章を読んだＰと先生Ｔが交わしたものである。会話中の下線部①～④のうちから，マルクスについての説明として**適当でない**ものを一つ選べ。　15

Ｐ：先生，ベンヤミンが言う「解放」って何のことですか？

Ｔ：そこには様々な意味が込められていますが，この言葉の背後にある思想の一つは，マルクス主義です。マルクスの歴史観を覚えていますか？

Ｐ：マルクスは，①歴史を弁証法的に捉えるヘーゲルの影響を受けているんでしたね。そして，彼は②物質的な生産関係という上部構造が歴史を動かす原動力になると言っていたはずです。その上で彼は，③対立する階級間の闘争によって歴史は発展すると考えたんでした。だとすると，「解放」は，マルクスが④労働者階級による革命が起こることで

資本主義が打破されると主張したことと関係がありそうです。

T：よく理解していますね。でもね，一つだけ間違いがありましたよ。

P：あれぇ，どこだろう。

(2)　次の**レポート**は，Pがベンヤミンの文章を読んだ上で書いたものである。
　　15・16ページの会話を踏まえて，**レポート**中の　　a　　～　　c　　に入る記
　　述を下の**ア**～**ウ**から選び，その組合せとして最も適当なものを，次の①～
　　⑥のうちから一つ選べ。　16

レポート

　ベンヤミンは，ファシズムの時代の中でそれに抵抗し，歴史について考察した人です。彼の文章は，歴史について考えを深める良い機会となりました。この文章を読みながら，先日，Qと議論したことを思い出しました。もともと私は，　　a　　と考えていました。ですが，Qとの議論を通して私は，　　b　　という考えを学ぶことができました。それを踏まえてベンヤミンの文章を読んでみると，　　c　　という彼の主張は，私たち二人の議論を深めるものだと感じました。

ア　歴史は，様々に書くことができるものであり，だからこそ，忘れられ
　　つつある人々を再び思い出させる歴史を書くこともできる

イ　歴史は，どの出来事にも意味があるものであり，現時点ではその全てを
　　書くことはできないにせよ，過去のどの出来事も忘れられてはならない

ウ　歴史は，過去に起こった様々な出来事を正しく記録したものであり，
　　そこには正しい書き方が存在する

①　**a**―**ア**　　　**b**―**イ**　　　**c**―**ウ**

②　**a**―**ア**　　　**b**―**ウ**　　　**c**―**イ**

③　**a**―**イ**　　　**b**―**ア**　　　**c**―**ウ**

④　**a**―**イ**　　　**b**―**ウ**　　　**c**―**ア**

⑤　**a**―**ウ**　　　**b**―**ア**　　　**c**―**イ**

⑥　**a**―**ウ**　　　**b**―**イ**　　　**c**―**ア**

第5問 民主主義の基本原理と日本国憲法についての理解を深めたいと考えた生徒**W**・生徒**X**・生徒**Y**・生徒**Z**は，ある大学のオープンキャンパスで，法律や政治に関する複数の講義にそれぞれ参加した。これに関して，次の問い(**A**・**B**)に答えよ。(配点　19)

A　生徒**W**と生徒**X**は，法律分野の講義に参加した。これに関して，次の問い(**問1〜3**)に答えよ。

問1　生徒**W**は，以前から法学に関心があったため，「公法と私法」という講義に参加した。講義では，法の意義，公法と私法の違い，公法と私法それぞれに属する各法の性格などが扱われた。**W**は，日本国憲法における基本的人権の保障について関心をもった。

　　次の**資料1**と**資料2**は，講義内で配付された，1973年の最高裁判所の判決文の一部である。**資料1**の理解をもとに，次ページの**資料2**の空欄に語句を入れた場合，空欄　**ア**　・　**イ**　に当てはまる語句の組合せとして最も適当なものを，次のページの①〜④のうちから一つ選べ。なお，資料には，括弧と括弧内の表現を補うなど，表記を改めた箇所がある。　17

資料1

> (憲法第14条の平等および憲法第19条の思想良心の自由の規定は)その他の自由権的基本権の保障規定と同じく，国または公共団体の統治行動に対して個人の基本的な自由と平等を保障する目的に出たもので，もっぱら国または公共団体と個人との関係を規律するものであり，私人相互の関係を直接規律することを予定するものではない。

(出所)　最高裁判所民事判例集27巻11号

資料2

> ┌─ **ア** ─┐的支配関係においては，個人の基本的な自由や平等に対する具体的な侵害またはそのおそれがあり，その態様，程度が社会的に許容しうる限度を超えるときは，これに対する立法措置によってその是正を図ることが可能であるとし，また，場合によっては，┌─ **イ** ─┐に対する一般的制限規定である民法1条，90条や不法行為に関する諸規定等の適切な運用によって，一面で┌─ **イ** ─┐の原則を尊重しながら，他面で社会的許容性の限度を超える侵害に対し基本的な自由や平等の利益を保護し，その間の適切な調整を図る方途も存するのである。

（出所）　最高裁判所民事判例集 27 巻 11 号

① ア　公　イ　団体自治
② ア　公　イ　私的自治
③ ア　私　イ　団体自治
④ ア　私　イ　私的自治

問2　生徒 **W** は，「契約と法」という講義にも参加した。契約に関連して，消費者をめぐる法や制度についての記述として最も適当なものを，次の①〜④のうちから一つ選べ。　18

① 契約は，当事者間の合意により法的な義務を生じさせるため，契約書が必要である。
② 改正民法(2022 年 4 月施行予定)では，18 歳以上の者は親の同意なく自分一人で契約することができる。
③ クーリング・オフ制度は，購入者が違約金を支払うことなく，いつでも契約を解除できる制度である。
④ 改正貸金業法(2010 年 6 月全面施行)では，消費者金融などの貸金業者の貸付けを借り手の年収の 3 分の 1 以下とする規制が撤廃されている。

問3　生徒**X**は，将来教師になりたいこともあり，「教育と法」という講義に参加した。講義では，日本国憲法第26条第2項の「義務教育は，これを無償とする」をどのように理解するかという論点が扱われた。次の**資料1〜3**は，講義内で配付された，関連する学説の一節と義務教育の無償に関する判断を示した1964年の最高裁判所の判決の一部分である。義務教育を無償とする規定の意味について，次の**資料1〜3**から読みとれる内容として正しいものを，次のページの記述**a〜c**からすべて選び，その組合せとして最も適当なものを，次のページの①〜⑦のうちから一つ選べ。なお，資料には，括弧と括弧内の表現を補うなど，表記を改めた箇所がある。

19

資料1

> 憲法が「義務教育は，これを無償とする」と明言している以上，その無償の範囲は，授業料に限定されず，教科書費，教材費，学用品費など，そのほか修学までに必要とする一切の金品を国や地方公共団体が負担すべきである，という考え方である。

（出所）　永井憲一『憲法と教育基本権〔新版〕』

資料2

> 「無償」とは，少なくとも授業料の不徴収を意味することは疑いなく，問題はむしろ，これ以上を意味するのかどうかだけにある。…（中略）…現実の経済状況のもとで就学に要する費用がますます多額化し，そのために義務教育を完了することができない者が少なくない，という。そして，そうだから就学必需費は全部無償とすべきである，と説かれる傾向がある。しかしこれは，普通教育の無償性という憲法の要請と，教育の機会均等を保障するという憲法における社会保障の要請とを混同しているきらいがある。経済上の理由による未就学児童・生徒の問題は，教育扶助・生活扶助の手段によって解決すべきである。

（出所）　奥平康弘「教育をうける権利」（芦部信喜編『憲法Ⅲ　人権(2)』）

資料3

同条項(憲法第26条第2項)の無償とは，授業料不徴収の意味と解するのが相当である。…（中略）…もとより，憲法はすべての国民に対しその保護する子女をして普通教育を受けさせることを義務として強制しているのであるから，国が保護者の教科書等の費用の負担についても，これをできるだけ軽減するよう配慮，努力することは望ましいところであるが，それは，国の財政等の事情を考慮して立法政策の問題として解決すべき事柄であって，憲法の前記法条の規定するところではないというべきである。

（出所）　最高裁判所民事判例集18巻2号

a　資料1から読みとれる考え方に基づくと，授業料以外の就学ないし修学にかかる費用を無償にするかどうかは，国会の判断に広く委ねられる。

b　資料2から読みとれる考え方に基づくと，授業料以外の就学ないし修学にかかる費用の負担軽減について，生存権の保障を通じての対応が考えられる。

c　資料3から読みとれる考え方に基づくと，授業料以外の就学ないし修学にかかる費用を無償にすることは，憲法によって禁止されていない。

① 　a
② 　b
③ 　c
④ 　aとb
⑤ 　aとc
⑥ 　bとc
⑦ 　aとbとc

B 生徒**Y**と生徒**Z**は，これまでの学校での学習成果や講義で身につけた知識を活用し，民主政治の基本原理や現代の政治の動向について自宅で考察してみた。これに関して，次の問い（**問4〜6**）に答えよ。

問4 生徒**Y**は，新聞記事を読むなどして最新のニュースに接することが現代の諸課題への深い理解につながるという話に刺激を受け，日本の国および地方公共団体の政治や政策のここ数年の動向に関する情報を収集した。それらについてまとめた記述として**誤っているもの**を，次の①〜④のうちから一つ選べ。 20

① 候補者男女均等法(政治分野における男女共同参画の推進に関する法律)の制定(2018年)により，政党などに国政選挙や地方選挙で男女の候補者の数ができる限り均等になるよう罰則規定を設けて促すことになった。

② 中央省庁で障害者雇用数が不適切に計上されていた問題をうけて，障害者を対象とする統一的な国家公務員の採用試験が実施された。

③ 公職選挙法の改正(2018年)により，参議院議員の選挙制度について定数を増やすとともに比例区に特定枠制度を導入した。

④ ふるさと納税制度(地方公共団体に寄付した場合の税額控除制度)の運用について，国は地方公共団体が寄付者に対し提供している返礼品のあり方の見直しを求めた。

問5 政治体制について二つの次元で類型化を試みる理論に接した生徒**Y**は，その理論を参考にいくつかの国のある時期の政治体制の特徴を比較し，次のページの**図**中に位置づけてみた。**図**中の**a〜c**のそれぞれには，次の政治体制**ア〜ウ**のいずれかが当てはまる。その組合せとして最も適当なものを，次のページの①〜⑥のうちから一つ選べ。 21

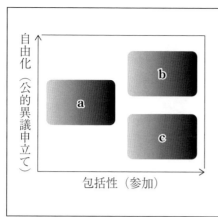

ⅰ．包括性（参加）：選挙権がどれだけの人々に認められているか（右にいくほど，多くの人々に認められている）。

ⅱ．自由化（公的異議申立て）：選挙権を認められている人々が，抑圧なく自由に政府に反対したり対抗したりできるか（上にいくほど，抑圧なく自由にできる）。

ア　日本国憲法下の日本の政治体制
イ　チャーティスト運動の時期のイギリスの政治体制
ウ　ゴルバチョフ政権より前のソ連の政治体制

① 　a―ア　　　b―イ　　　c―ウ
② 　a―ア　　　b―ウ　　　c―イ
③ 　a―イ　　　b―ア　　　c―ウ
④ 　a―イ　　　b―ウ　　　c―ア
⑤ 　a―ウ　　　b―ア　　　c―イ
⑥ 　a―ウ　　　b―イ　　　c―ア

問6 生徒**Z**は，二院制をとる国の議会のあり方に関心をもち，今日の日本，アメリカ，イギリスの議会について，次の記述**a**〜**c**にそれぞれまとめてみた。これらの記述のうち，正しいものはどれか。当てはまるものをすべて選び，その組合せとして最も適当なものを，次の①〜⑦のうちから一つ選べ。 22

a 日本では，両議院は全国民を代表する選挙された議員で組織するものとされており，衆議院と参議院の議員ともに国民の直接選挙によって選出されている。衆議院で可決し参議院でこれと異なった議決をした法律案は，衆議院で出席議員の3分の2以上の多数で再び可決したときは，法律となる。

b アメリカでは，連邦議会の上院議員は各州から2名ずつ選出されるのに対し，下院議員は各州から人口に比例して選出されている。連邦議会は立法権や予算の議決権などをもつが，政府高官人事への同意など下院にのみ与えられている権限もある。

c イギリスでは，上院は非公選の貴族を中心に組織されるのに対し，下院は国民の直接選挙によって選出される議員によって組織される。下院優越の原則が確立しており，下院が国政の中心に位置している。下院には解散もあるが，解散できる条件は限られている。

① **a**
② **b**
③ **c**
④ **a**と**b**
⑤ **a**と**c**
⑥ **b**と**c**
⑦ **a**と**b**と**c**

第6問 クラスの生徒たちが，現代の経済状況について話し合ったところ，雇用や賃金は，国家や財政の状況，銀行制度，さらには国際経済の変化からも影響を受けることがわかってきた。これらの事柄に関連する次の問い（**問1〜6**）に答えよ。（配点　19）

問1 生徒たちは，日本の雇用環境とその変化について調べることにした。次の文章中の空欄　ア　・　イ　に当てはまる語句の組合せとして正しいものを，次の①〜④のうちから一つ選べ。　23

　　終身雇用，　ア　，および企業別労働組合は，日本における労使慣行の特徴とされ，日本的経営とも呼ばれてきた。しかし，経済環境の変化に伴って終身雇用や　ア　に代わって異なる雇用や賃金の形態が広がり，多様化している。
　　また，現在では労働者の働き方も多様化している。たとえば，業務遂行の方法や時間配分の決定などを労働者自身に委ねる必要があるため，実際の労働時間に関係なく一定時間働いたとみなす　イ　を導入する企業もある。

① ア　年功序列型の賃金　　イ　フレックスタイム制
② ア　年功序列型の賃金　　イ　裁量労働制
③ ア　成果主義による賃金　イ　フレックスタイム制
④ ア　成果主義による賃金　イ　裁量労働制

問2 よりよい労働条件の実現をめざして活動する組織として，労働組合がある。次の記述 **a〜c** は，民間企業の労働組合の活動や運営に関する日本の法制度について生徒たちがまとめたものである。これらの記述のうち，正しいものはどれか。当てはまる記述をすべて選び，その組合せとして最も適当なものを，次のページの①〜⑦のうちから一つ選べ。　24

a　正規雇用の労働者と同様に，パート，アルバイトなど非正規雇用の労働者も労働組合を結成する権利を有している。
b　正当な理由がない限り，使用者は労働組合との団体交渉を拒否することはできない。

c　労働組合の運営に協力するため，使用者は労働組合に対して，経費を援助しなければならない。

① a

② b

③ c

④ aとb

⑤ aとc

⑥ bとc

⑦ aとbとc

問3　生徒たちは，雇用や生活は政府の政策によっても影響を受けると考え，財政についても調べることにした。

　次の表は，ある国の国家財政における歳出と歳入の項目別の金額を表したものである。2017年度から2018年度にかけての財政状況に起きた変化として正しいものを，次のページの①～④のうちから一つ選べ。なお，表中の項目の定義は日本の財政制度のものと同じであり，通貨の単位にはドルを用いているものとする。　25

（単位：10億ドル）

		2017年度	2018年度
歳　出	社会保障関係費	24	30
	公共事業関係費	11	13
	防衛関係費	5	7
	文教および科学振興費	6	8
	国債費	14	17
	合　計	60	75

		2017 年度	2018 年度
歳　入	法人税	10	13
	酒　税	5	5
	所得税	12	16
	消費税	17	22
	公債金	16	19
	合　計	60	75

(注)　国債費とは国債の元利払いを指し，公債金とは国債発行による収入を指す。

① 　国債残高が減少した。

② 　国債依存度が低下した。

③ 　プライマリーバランスの赤字額が拡大した。

④ 　直間比率で間接税の比率が上昇した。

問4　財政においては，雇用や生活への影響だけではなく，経済危機への対処も重要である。日本では，1990 年代初頭にバブル経済が崩壊した後，銀行の不良債権処理や貸し渋りの問題に対処するため，公的資金が投入された。

　　生徒たちは，銀行のバランスシート（貸借対照表）の動きを表した次の模式図を用いて，不良債権処理と貸し渋りの問題について考えることにした。なお，簡略化のため，銀行の負債はすべて預金，純資産は資本金のみとする。この図では，銀行の貸出債権が経済不況時に不良債権化し，その不良債権が処理されるまでの流れが示されている。不良債権となっている資産を最終的に消滅させるために費用が発生し，その費用が大きければ損失が発生し資本金を減少させることがある。その減少が多額であれば，資本金を増やすために公的資金が投入されることもある。

　　以上の説明と次の模式図を踏まえて，不良債権問題に関連する記述として最も適当なものを，次のページの①〜④のうちから一つ選べ。　26

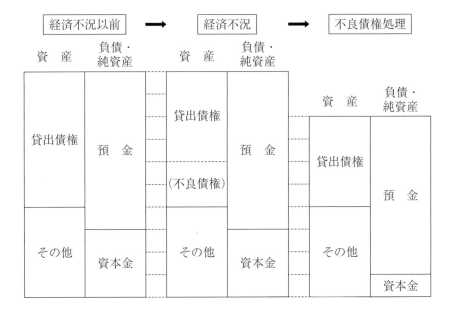

① 不良債権処理によって貸出債権を含む総資産に対する資本金の比率が低下すると，新たな貸出しが抑制される傾向がある。

② 貸出債権の一部を不良債権として資産から取り除く結果，経済不況以前と比べて貸出債権の残高が減少することを貸し渋りという。

③ 不良債権処理によって資本金が減少する場合，預金に対する自己資本の比率に関するBIS規制の遵守のため，資本金を増やす必要がある。

④ 貸出債権の一部を不良債権として資産から取り除くと，預金に対する貸出債権の比率が高くなるため，貸出債権を減らす必要がある。

問 5 生徒たちは，国際経済について調べていくと，通貨問題にも興味がわいてきたので，1930年代以降の国際通貨制度の変遷について調べてみた。これに関連する記述として**誤っているもの**を，次の①～④のうちから一つ選べ。 27

① 1930年代には，世界的な不況の中で金本位制が崩壊すると，各国は輸出の増大によって不況を克服しようとして為替の切下げ競争に走った。

② IMF協定（1944年）では，為替相場の安定による自由貿易の拡大を促すために，すべての加盟国に自国通貨と金との交換を義務づけた。

③ 1960年代には，アメリカの貿易収支の悪化やベトナム戦争による対外軍事支出の増大などによりドルが世界に流出する中，ドルの信認が低下することによってドル危機が発生した。

④ 変動相場制への移行開始（1973年）の後，主要国は首脳会議や財務相・中央銀行総裁会議において通貨・経済問題を協議することで，為替相場の安定を図ろうとしている。

問 6 生徒たちは，資本取引について調べたところ，経済のグローバル化と関連があることがわかってきた。そこで，1980年代から顕著となり現在まで続く経済のグローバル化の中で，発展途上国・新興国への日本企業の進出がどのような要因によって進み，その結果，日本や発展途上国・新興国にそれぞれどのような影響をもたらすことが考えられるかについて簡略化して次のページの図にまとめてみた。

　図中の空欄 ア には次ページの**a**か**b**，空欄 イ には次ページの**c**か**d**のいずれかの記述が入る。その組合せとして最も適当なものを，次のページの①～④のうちから一つ選べ。 28

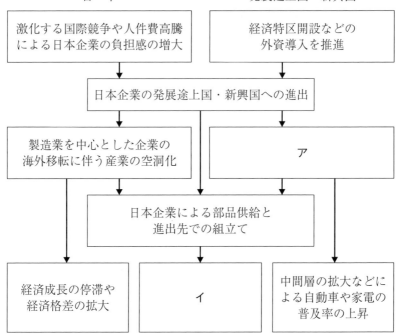

日 本 / 発展途上国・新興国

| 激化する国際競争や人件費高騰による日本企業の負担感の増大 | 経済特区開設などの外資導入を推進 |

日本企業の発展途上国・新興国への進出

| 製造業を中心とした企業の海外移転に伴う産業の空洞化 | ア |

日本企業による部品供給と進出先での組立て

| 経済成長の停滞や経済格差の拡大 | イ | 中間層の拡大などによる自動車や家電の普及率の上昇 |

a 外資導入による輸出指向(志向)型での工業化の進展

b 自国資本による輸入代替工業化の進展

c 日本と発展途上国・新興国間の工業製品の貿易における日本の最終製品輸出比率の上昇と中間財輸入比率の上昇

d 日本と発展途上国・新興国間の工業製品の貿易における日本の最終製品輸入比率の上昇と中間財輸出比率の上昇

① ア―**a**　　イ―**c**

② ア―**a**　　イ―**d**

③ ア―**b**　　イ―**c**

④ ア―**b**　　イ―**d**

第7問 生徒**X**と生徒**Y**らは，二つのグループに分かれて，「日本による発展途上国への開発協力のあり方」について探求を行い，クラスで発表することとなった。下の図は，その準備としてすべきことを整理したものである。これに関して，下の問い（**問1～4**）に答えよ。（配点 12）

Ⅰ．課題の設定
　○⒜日本による多様な国際貢献
　　―どのような国際的課題があり，どのような国際貢献を日本がこれまでに行ってきたか？
　○そのうち開発協力をとくに取り上げる理由
　　―日本の国際貢献において開発協力がもつ意味

＊何を，どのような観点から取り上げるかを特定し，設定した課題に関連する資料を収集する。

＊関係する資料を調査，検討，整理する。

Ⅱ．情報収集
　○開発協力に関する日本の政策と実績（政府開発援助など）
　　―『開発協力大綱』などの資料，専門書，論文
　○国際機関，政府，NGOなどによる調査資料，報告書（アンケートや⒝統計資料）

＊検討を進めるためにさらに必要な資料を調べる。

Ⅲ．整理と分析
　○日本による開発協力の特徴
　　―どの地域，またどのような開発協力にとくに力を入れているか？
　○開発協力に対する日本国民の意識
　　―開発協力をどのように考えているか？

＊理解しやすいように，説明の仕方と構成を工夫する。

Ⅳ．まとめと発表
　○⒞開発協力をめぐる世界の動きと日本が担う役割
　○開発協力に対する日本国民の関心と理解の必要性
　○探求の過程で明らかになった課題とその解決策

問1 「課題の設定」を行うために生徒**X**と生徒**Y**らが下線部ⓐについて話し合う中で，他国への日本の選挙監視団の派遣について，次のようなやり取りがあった。**X**が二重下線部で示したように考えることができる理由として最も適当なものを，次の①〜④のうちから一つ選べ。 29

X：途上国で行われる選挙に，選挙監視団が派遣されたって聞いたことがあるよ。たとえば，カンボジアやネパールで新憲法を制定するための議員を選ぶ選挙が行われた際に，選挙監視要員が派遣されたんだ。

Y：なぜこうした国は，憲法の制定に関わるような問題に，外国からの選挙監視団を受け入れたんだろう？　そして，どうしてそれが国際貢献になるのかな？

X：選挙監視団の目的は，自由で公正な選挙が行われるようにすることだよね。民主主義における選挙の意義という観点から考えれば，そうした選挙を実現させることは，その国に民主的な政治体制が定着するきっかけになるよね。民主的な政治体制がうまく機能するようになれば，再び内戦に陥って国民が苦しむようなことになるのを避けられるんじゃないかな。

Y：そうだね。それに，自由で民主的な政治体制が確保されている国の間では戦争は起きないって聞いたこともあるよ。もしそうだとすると，選挙監視団を派遣することは国際平和にもつながっているとも言えるね。

① 民主主義おいては，国民に選挙を通じた政治参加を保障することで，国の統治に国民全体の意思を反映すべきものとされているから。

② 民主主義においては，大衆が国の統治を特定の個人や集団による独裁に委ねる可能性が排除されているから。

③ 民主主義においては，暴力によってではなく裁判によって紛争を解決することとなっているから。

④ 民主主義においては，国民が政治的意思を表明する機会を選挙以外にも保障すべきものとされているから。

問2　下線部ⓑに関連して，生徒**Y**のグループでは，日本の累積援助額(1960年〜2017年)の上位国のうち，インド，インドネシア，タイ，バングラデシュ，フィリピンの名目GNI（米ドル），電力発電量，平均寿命，栄養不良の人口割合のデータを調べ，この5か国の平均値を2002年と2015年とで比較することにした。次の**図中のア〜ウ**はそれぞれ，電力発電量，平均寿命，栄養不良の人口割合のいずれかについて，2002年の5か国の平均値を100とする指数で表したものである。**図中のア〜ウ**に当てはまる項目の組合せとして正しいものを，次のページの①〜⑥のうちから一つ選べ。

30

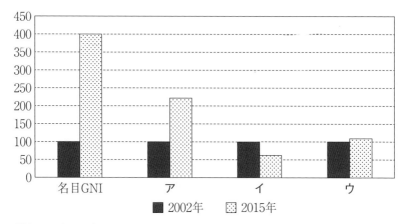

（注）　2002年の栄養不良の人口割合の数値は2000年〜2002年の平均値を使用。
（出所）　総務省統計局『世界の統計』（2006，2018，2019年版）により作成。

① ア 電力発電量　　　　　　イ 平均寿命

　　ウ 栄養不良の人口割合

② ア 電力発電量　　　　　　イ 栄養不良の人口割合

　　ウ 平均寿命

③ ア 平均寿命　　　　　　　イ 電力発電量

　　ウ 栄養不良の人口割合

④ ア 平均寿命　　　　　　　イ 栄養不良の人口割合

　　ウ 電力発電量

⑤ ア 栄養不良の人口割合　　イ 電力発電量

　　ウ 平均寿命

⑥ ア 栄養不良の人口割合　　イ 平均寿命

　　ウ 電力発電量

問3　下線部ⓒに関連して，生徒**Y**のグループでは，貧困のない世界をめざした多様な活動の例として，まずマイクロファイナンス(マイクロクレジット)について発表することした。次の**資料**はその発表用のスライドの一部である。**資料**中の空欄　**ア**　・　**イ**　に当てはまる語句の組合せとして最も適当なものを，次のページの①〜④のうちから一つ選べ。　31

資料

貧困のない世界をめざした多様な活動①
～マイクロファイナンスの紹介～

◇マイクロファイナンス（マイクロクレジット）とは？

 貧困層や低所得層向けの少額融資などの金融サービス。

融資は　ア　で行われるとされる。

◇この活動の具体例

 　イ

バングラデシュで設立。高い返済率を記録。
2006年にノーベル平和賞を受賞。

36

①	ア 担保付き	イ グラミン銀行
②	ア 担保付き	イ アジアインフラ投資銀行
③	ア 無担保	イ グラミン銀行
④	ア 無担保	イ アジアインフラ投資銀行

問4 日本の国際貢献のあり方をクラスで発表した生徒**X**と生徒**Y**らは，日本の開発協力に向けて国民の関心と理解を高めることが重要だと述べた。これについて他の生徒から，「日本の税金や人材によって他国を援助する以上，国民の理解を得るには，日本が他国を援助する理由を示す必要があると思います。**X**，**Y**らはどう考えますか。」との質問が出た。これに対し**X**と**Y**らは，日本が援助を行う理由を説明した。次の**ノート**はそのメモである。

問題編
2021年(第1日程)
予想問題・第1回
予想問題・第2回
予想問題・第3回

> 経済格差や社会保障の問題など，国内にも対処しなければならない問題があることは確かです。しかし，それでもなお，日本の税金や人材のよって他国を援助する理由はあると思います。
>
> | ア |
> |---|
>
> しかも世界では，環境問題，貧困問題，難民問題など，国内より大規模な，人類共通の利益にかかわる問題が出現しています。
>
> | イ |
> |---|
>
> このような理由からやはり，国際的な問題に日本は関心をもち，その解決のために貢献をする理由はあると，考えます。

　ノート中の空欄　**ア**　では「国際貢献は日本国憲法の依拠する理念や原則に照らしても望ましい」ことを，空欄　**イ**　では「国際貢献は日本の利益に照らしても望ましい」ことを，それぞれ理由としてあげることにした。空欄　**ア**　には次のページの①か②，空欄　**イ**　には次のページの③か④が入る。空欄　**ア**　・　**イ**　に入る記述として最も適当なものを，次のページの①～④からそれぞれ一つ選べ。

ア に当たる文章	→	32
イ に当たる文章	→	33

① 日本国憲法の前文は，平和主義や国際協調主義を外交における基本理念として示しています。この理念に基づくと，国同士が相互に尊重し協力し合い，対等な関係の国際社会を築くことが重要です。そのために，日本は国際協力を率先して行う必要があると思います。

② 日本国憲法の基本的人権の保障の内容として，他国における他国民の人権保障状況についても，日本は他国に積極的に改善を求めていくことが義務づけられています。このことは，憲法前文で示しているように，日本が国際社会の中で名誉ある地位を占めるためにも望ましいと考えます。

③ こうした中で大事なのは，日本の利益より人類共通の利益であり，日本の利益を追求していては問題は解決できないという点です。日本の利益から離れて純粋に人道的な見地から，他国の人たちに手を差し伸べる方が，より重要ではないでしょうか。

④ こうした中で大事なのは，人類共通の利益と日本の利益とが無関係ではないという点です。人類共通の利益の追求が日本の利益の実現につながりうることを考えれば，国際的な問題の解決に貢献することも日本にとって重要ではないでしょうか。

予想問題
第1回

100点／60分

第1問 次のⅠとⅡに関連して，次の問い（問1～8）に答えよ。（配点 22）

Ⅰ 生徒P・Qが交わした次の会話を読み，下の問い（問1～4）に答えよ。

P：コロナ禍以降，ステイホームが推奨されて久しいけれど，家にずっといる
   ことは全然 (a)ストレスに感じない。(b)インターネットで，ヒトとも，モノ
   とも，カネともつながっていられるんだから。

Q：たしかに，そのような一面があることは否定しないよ。それまで当たり前
   だったことが見直されてきた。たとえば，会社へ行って働くことが当たり
   前だったのが，自宅でやれることはやるようになるとか。

P：うん。何より人びとの意識が変わったよね。仕事一辺倒の生活から，家族
   との時間や自分の時間を大切にするようになった。

Q：コロナ自体はとてもやっかいな疫病だけれど，コロナによって，人びとが
   自分たちの生活や社会のあり方を見直すきっかけとなればいいね。

P：そのとおり。

Q：そのことに関連して言えば，コロナ禍で，キミのように，人びとがインタ
   ーネットを使って (c)コミュニケーションを図っている。インターネットは
   たしかに便利なツールだけれど，やはり人と人が直接会う・話すといった
   ことの大切さも感じるんだ。

P：インターネットでは，伝わらないものがあるということ？

Q：人と人が (d)身体を介して出会い語らうことは大切だということだよ。コロ
   ナ禍でそれができなくなっている状況に対して，身体を介したコミュニケ
   ーションの重要性があらためて指摘されるべきだと思う。

P：ヴァーチャルな体験とリアルな体験とは，いまは当然ちがうわけだけれど，
   これからさらに情報通信技術（ICT）が発展すれば，そのちがいはどんどん
   なくなると思うけれどな。

Q：それはありえないと思う。どれだけ ICT が発展しようとも，ヴァーチャル
   とリアルが一致することはないよ。

問1 下線部ⓐに関連して，ストレスの原因の一つとされる葛藤は，接近したい欲求と回避したい欲求の組合せから，接近—接近型，接近—回避型，回避—回避型の類型に分けることができる。これらのうち，接近—回避型に分類されるものを，次の**ア**〜**ウ**からすべて選んだとき，その組合せとして正しいものを，次の①〜⑧のうちから一つ選べ。　　1

ア 大学卒業後，大学院へ行って専門的な研究を続けたいとは思わないが，企業に就職して働きたいとも思わない。
イ 将来は作家になりたいという夢をもっているが，その夢を追求することで親に心配をかけることは避けたい。
ウ 将来は大企業に就職して安定した豊かな生活を営みたいと思う反面，自営業をしている父の会社を継ぎたいとも考えている。

① ア
② イ
③ ウ
④ アとイ
⑤ アとウ
⑥ イとウ
⑦ アとイとウ
⑧ 該当するものはない

問2 下線部ⓑに関連して，次のページの図は，情報通信機器の世帯保有率の推移を表す。図中の　**a**　〜　**c**　に入る語句の組合せとして正しいものを，次の①〜⑥のうちから一つ選べ。　　2

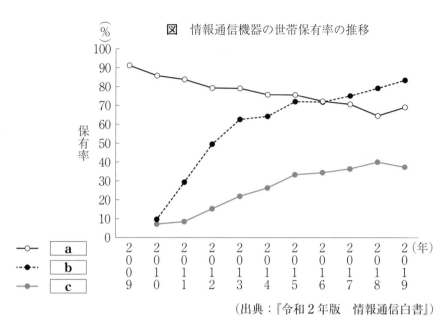

図　情報通信機器の世帯保有率の推移

（出典：『令和2年版　情報通信白書』）

① **a** スマートフォン　**b** タブレット型端末　**c** 固定電話
② **a** スマートフォン　**b** 固定電話　**c** タブレット型端末
③ **a** タブレット型端末　**b** スマートフォン　**c** 固定電話
④ **a** タブレット型端末　**b** 固定電話　**c** スマートフォン
⑤ **a** 固定電話　**b** スマートフォン　**c** タブレット型端末
⑥ **a** 固定電話　**b** タブレット型端末　**c** スマートフォン

問3　下線部ⓒに関連して，コミュニケーションについてのハーバーマスの考え方の記述として最も適当なものを，次の①〜④のうちから一つ選べ。

　　　3

① 対話的理性により，議論を通じて強制をともなうことなく合意をつくり出すことができる。
② 創造的知性にもとづくコミュニケーションでは，対話する双方が自分の主張や意見を言い合うだけでは，偏見や思い込みからは解放されない。
③ コミュニケーションにおいて最も大切なことは，自分の意見をなるべく言わず，相手の意見を聞きながら，その矛盾や論理の脆弱性（ぜいじゃくせい）を見つけ

ることに終始することである。

④　コミュニケーションを円滑に進めるためには，対話する相手が自分より
も目上である場合にはその者たちの意見に従い，目下である場合には
自分の意見を強引に従わせることが重要である。

問4　下線部ⓓに関連して，次の**資料**は，フランスの実存主義者であるメルロ・
ポンティの論文「身体について」の一節である。ここから読み取れる内容
として最も適当なものを，次の①〜④のうちから一つ選べ。　**4**

> **資　料**
>
> 　哲学とは，問いを提起し，この問いに答えることで，欠けていた空
> 白部分が少しずつ埋まっていくというような性質のものではない。問
> いとは，人間の生と人間の歴史の内側に属するものであり，ここで生
> まれ，ここで死ぬ。問いに解答が見つかると，問いそのものが姿を変
> えてしまうことも多い。いずれにせよ，空虚な欠落部分に到達するの
> は，経験と知の一つの過去である。哲学は文脈を所与のものとして受
> け取ることはない。哲学は問いの起源と意味を探るために，答えの意
> 味，問い掛ける者の身分を探るために，文脈に立ち戻る。そしてここ
> から，すべての知識への問いを活気づけている〈問い掛け〉へと至る
> のである。〈問い掛け〉は，問いとは異なるものなのである。
>
> （出典：メルロ・ポンティ「身体について」）

①　哲学とは，直面する問題に一つひとつ答えていくことによって，答え
が徐々に見えてくるものである。

②　哲学の問いは，人間の生や人間の歴史の内側にあるものであって，解
答が見つかると，問いそのものが変化する。

③　空虚な欠落部分に解答が見つかることと，みずからの経験やみずから
の過去とはまったく無関係である。

④　哲学は，問いの起源と意味を探るために，文脈に立ち戻らずに，すべ
ての知識への問いを活気づけている「問い掛け」へと至る。

Ⅱ　生徒Ｘ・Ｙが「愛」について交わした次の会話を読み，下の問い（**問5〜8**）に答えよ。

Ｘ：この前，交際相手と別れたよ。

Ｙ：ええっ。驚いたな。あんなに仲がよかったのに。何かあったの？

Ｘ：何もなかった。何もないことがかえって，お互いの距離を離れさせてしまったみたいだ。おかげで，別れるとき，何の⒜感情も沸いてこなかった。別れることより，そのこと自体がショックだった。

Ｙ：そうか。おそらくそれは，キミの心が自分を守るために，⒝一種の防衛反応を起こしているのだろう。つらい記憶を思い出させないように忘れたふりをするというような。

Ｘ：おいおい，よしてくれよ。そんな教科書に載っているような知識で，自分の恋愛を説明されるのは気分がよくない。

Ｙ：ごめん，ごめん。気を悪くしないでほしい。⒞愛って，複雑な感情だということを言いたかっただけなんだ。

Ｘ：世界中の多くの思想家や⒟宗教が愛について語っているけれど，今度の「倫理」の授業で発表テーマにしてみようかな。

Ｙ：それって，まさしく愛を教科書に載っている知識で説明しようとするということじゃないか。

問5　下線部⒜に関連して，次の**資料**は，ローマの哲学者であるセネカの『怒りについて』の一節である。ここから読み取れる内容として最も適当なものを，次の①〜④のうちから一つ選べ。　　5

資　料

　多くの人は，根も葉もないことを疑ったり，些細なことを深刻にとったりして，苦悶（くもん）の種をわざわざ自分であつらえている。怒りは頻繁にわれわれを訪れるが，われわれのほうがもっと頻繁に怒りへ赴いているのだ。怒りを招き寄せてはならない。たとえたまたま生じても，はねつけるべきである。だれも自分に向かってこういったりはしない。「今の私の怒りの原因は，私がやったことだ，または，やったかもし

44

れなかったことだ」。だれも行為者の心ではなく，なされた行為だけを評価する。だが，見るべきは心のほうである。欲は欲したのか，それともたまたまそうなったのか。強いられたのか，それとも騙されたのか。憎悪の言うがままだったのか，それとも報酬に釣られたのか。自分を楽しませるためだったのか，それともだれかに手を貸したのか。過ちのいくらかは年齢の，いくらかは運命のなせる業だ。そうしたものに耐えて辛抱するのが人間的か，あるいは有益な態度になるだろう。

（セネカ『怒りについて』より）

① 怒りがいつもみずから私たちに近づいてくるのであって，私たちがみずから怒りに近づくことはない。

② 怒りをあえて招き入れることによって，怒りを自分の行動の原動力とすべきである。

③ 怒りの原因をつくり出しているのはえてして行為者本人である場合が多い。

④ 怒りが心の中に生まれたならば，それを抑えようとせずに思うがままぶちまけるほうが，人間らしい態度である。

問6 下線部ⓑに関連して，Yが主張するXの防衛反応の分類として最も適当なものを，次の①〜④のうちから一つ選べ。 6

① 反動形成

② 抑圧

③ 逃避

④ 退行

問7 下線部ⓒに関連して，イエス・キリストが説いた「愛」に関する説明である，次のページの**メモ**中に入る語句の組合せとして正しいものを，次の①〜④のうち一つ選べ。 7

```
┌─────────────────────────────────────────────────┐
│  メ  モ                                          │
│    イエスは「  a  のために祈れ。こうして，天にいますあなたがた │
│  の父の子となるためである。天の父は，  b  ，太陽をのぼらせ， │
│  ……雨を降らして下さるからである。あなたがたが自分を愛する者を │
│  愛したからとて，なんの報いがあろうか。」と説いた。          │
└─────────────────────────────────────────────────┘
```

① **a** 敵を愛し，迫害する者　　**b** 悪い者の上にも良い者の上にも

② **a** 敵を愛し，迫害する者　　**b** 良い者の上にのみ

③ **a** 敵を憎み，愛する者　　　**b** 悪い者の上にも良い者の上にも

④ **a** 敵を憎み，愛する者　　　**b** 良い者の上にのみ

問8 下線部ⓓに関連して，キリスト教に関する記述ア〜ウから正しいものをすべて選んだ場合の組合せとして正しいものを，次の①〜⑦のうちから一つ選べ。 8

ア　パウロは，イエスの声を聞いて回心したのち，人が義とされるのは信仰ではなく，律法の行ないによるという厳格な律法主義を唱えた。

イ　アウグスティヌスは，神による救済を受けるためには，神によって救済されたいと求める人間の自由意志のみが必要であると説いた。

ウ　トマス・アクィナスは，信仰と理性の関係について，信仰優位の調和を説いた。

① ア

② イ

③ ウ

④ アとイ

⑤ アとウ

⑥ イとウ

⑦ アとイとウ

第2問 以下を読み，次の問い（**問1〜4**）に答えよ。（配点　9）

I 「日本の思想」について，クラスを3つの班に分けて調べることにした。I班は古代から中世を担当した。

問1 古代日本人の自然観や信仰について調べていた生徒Aは，次の**資料**を先生から紹介された。ここから読み取れる内容として最も適当なものを，次の①〜④のうちから一つ選べ。　9

> **資　　料**
>
> 　水稲を栽培するために太陽や水や大地などの力能をまつることや，神霊を感得することや祖神をまつることは，人間が自然や神へとかかわってゆくことである。火山が噴火したり，台風が襲来したり，雨がひどく降ったりするのは，自然が人間へかかわってくるのであり，祟ることによって神が出現するのは，神から人間へかかわってくるのである。人間と自然と神を結ぶ回路を流れる経験の性質はさまざまであり，流れる方向も常に一定しているわけではなく，ある方向へ流れてもまた流れかえすこともある。
>
> （出典：松前健『日本の神々』）

① 古代日本人は，人間が自然や神にかかわることを認めていなかった。

② 古代日本人は，自然や神が人間にかかわることはありえないと考えた。

③ 人間と自然と神を結ぶ回路を流れる経験の性質はつねに一定であり，流れる方向は決まっている。

④ 人間と自然と神を結ぶ回路を流れる経験の性質は多様なものであり，流れる方向性も一定ではない。

問2 次のページの**ノート**は，写真に関する**先生の指摘**と，生徒Bがこの写真を見て**感じた疑問**，さらにその疑問について B 自身が**調べた結果**を書き留めたものである。ノート中の　**a**　・　**c**　に入る記述の組合せとして正しいものを，次の①〜④のうちから一つ選べ。　10

ノ ー ト

先生の指摘

・庭に石と白砂を長方形に配置している。

・水を用いず，砂と石だけで山水自然の生命を表現している。

感じた疑問

（ⅰ）西欧の文化に比べて，何が特徴的なのか。

（ⅱ）西欧における自然観と何がちがうのか。

調べた結果

	日　　本	西　　欧
（ⅰ）文化の特徴	**a**	**b**
（ⅱ）自然観	**c**	支配の対象

① **a** 対称性・統一感　　**b** 非対称性・無常の美　　**c** アニミズム

② **a** 対称性・統一感　　**b** 非対称性・無常の美　　**c** シャーマニズム

③ **a** 非対称性・無常の美　　**b** 対称性・統一感　　**c** アニミズム

④ **a** 非対称性・無常の美　　**b** 対称性・統一感　　**c** シャーマニズム

Ⅱ 次の**レポート**は，日本文化の特徴を調べた生徒Cがまとめたものの一部である。

問3 レポート中の **a** ・ **f** に入る語句の組合せとして正しいものを，次の①〜④のうちから一つ選べ。 | 11 |

レポート

アメリカの文化人類学者であるベネディクトは，自著『菊と刀』の中で，日本文化を「 **a** 」と称して，西欧の文化の特徴である「 **b** 」と対比させた。

これに対して，柳田国男は，「日本人の大多数のものほど，『罪』といふ言葉を朝夕口にして居た民族は，西洋の基督教国もなかったらう」と述べた。今日でも「ツミ作り」，「ツミな事」，「ツミの無い顔」など，日常の言葉に「ツミ」という言葉が出てくることを例に挙げている。柳田は，「 **c** などは，たった一度の敗戦でも転覆するかも知れない」として，恥の意識が大きく変わる可能性があると示唆する一方，「 **d** に至ってはいささか形をかへて，再び此世（このよ）に花咲かねばならぬであろう」とした。彼によれば，日本人は， **e** よりも，むしろ深い **f** に生きてきたし，これからもそうであろうと予測している。

---

① **a** 恥の文化 **f** 恥の文化

② **a** 恥の文化 **f** 罪の文化

③ **a** 罪の文化 **f** 恥の文化

④ **a** 罪の文化 **f** 罪の文化

Ⅲ　生徒Ｄと生徒Ｅは，日本に伝来した仏教について調べた。

問4　ＤとＥは，図書館で見つけた1枚の仏像のイラストをめぐって話し合った。
会話文中の　　a　　・　　b　　に入る語句の組合せとして正しいものを，次の
①〜④のうちから一つ選べ。　12

D：　　a　　だね。

E：そう。釈迦牟尼仏（ゴータマ・シッダッタ）に次いでこの世に現れる未
来仏だ。

D：親鸞は「五十六億七千万　　a　　はとしを経ん　まことの信心うるひと
は，このたびさとりをひらくべき」とうたったよね。

E：そうだね。この仏に対する信仰は，　　b　　が広く普及した中国・朝鮮・
日本に非常に大きな影響を与えたんだよね。

① 　**a**　 大日如来 　**b**　 大乗仏教
② 　**a**　 大日如来 　**b**　 上座部仏教
③ 　**a**　 弥勒菩薩 　**b**　 大乗仏教
④ 　**a**　 弥勒菩薩 　**b**　 上座部仏教

第3問 次の文章を読み，次の問い（**問1～4**）に答えよ。（配点　10）

　近代ヨーロッパは，ルネサンスから始まると言われる。14世紀にイタリアで起きた@ルネサンス運動は，人間性そのものの自覚を呼び起こすために，ⓑギリシャ・ローマ古典文化の復興をめざした。その後，少し遅れて，宗教改革が始まる。宗教改革は，人びとがローマ・カトリック教会による束縛から解放されて人間一人ひとりが良心をもって聖書と向き合い，そこに真のキリスト教の精神を発見しようとする運動として，ルターやⓒカルヴァンによって進められた。また，ⓓこの宗教改革によって新しい職業観が生まれ，これが近代資本主義を形成する萌芽となった。

問1　下線部@に関連して，ルネサンス期に活躍した人物についての説明として最も適当なものを，次の①～④のうちから一つ選べ。　| 13 |

① 壁画「最後の晩餐」などで知られるレオナルド・ダ・ヴィンチは，芸術分野だけでなく，自然科学の分野でも業績を残し，万能人として活躍した。

② ラファエロは，壁画「アテネの学堂」において，理想主義をとったプラトンが手を水平に差し出し，現実主義を唱えたアリストテレスが天に指さす姿を描いた。

③ マキャヴェリは，著書『君主論』において，君主は，無限と虚無とのあいだを揺れ動く中間者である人間の自主性を尊重しつつ，統治しなければならないと主張した。

④ ピコ・デラ・ミランドラは，『人間の尊厳について』において，私有財産制のない理想的な平等社会における人びとの生活ぶりを具体的に示し，反語的（アイロニカル）に当時の社会を批判した。

問2　下線部ⓑに関連して，ルネサンスは「文芸復興」と訳され，ギリシャ・ローマ古典文化の再生を意味する言葉であるが，中世のヨーロッパにおいて再生がめざされる理由となったギリシャ・ローマ古典文化の特徴を説明したものとして最も適当なものを，次の①～④のうちから一つ選べ。　| 14 |

① 人間の姿を絢爛豪華に表している。

② 人間の存在をあえて矮小化している。

③ 人間の存在を神によって権威づける。

④ 人間の姿を写実的に表している。

問3　下線部ⓒに関連して，次の文章は，カルヴァンの思想を説明したものである。空欄　**a**　・　**b**　に入る語句の組合せとして正しいものを，次の①～④のうちから一つ選べ。　15

> カルヴァンによれば，どの人間が救済されるのかは，あらかじめ神の定めた計画（　**a**　）によって決まっているので，人間は　**b**　と考えた。

① **a** 福音　　**b** ただ神による救済を信じるしかない

② **a** 福音　　**b** 救済されるために，職業を変更するしかない

③ **a** 摂理　　**b** ただ神による救済を信じるしかない

④ **a** 摂理　　**b** 救済されるために，職業を変更するしかない

問4　下線部ⓓに関連して，カルヴァンの職業倫理が近代ヨーロッパの資本主義を成立させたと論じた学者にマックス・ウェーバーがいた。このマックス・ウェーバーの著書『プロテスタンティズムの倫理と資本主義の精神』について，日本の社会学者である大塚久雄が次のような文章を書いている。次のア～ウのうち，**資料**で論じられている「禁欲」，あるいは「キリスト教的禁欲」の具体例をすべて選んだ場合の組合せとして正しいものを，次の①～⑦のうちから一つ選べ。　16

> **資　料**
>
> 　われわれ日本人は「禁欲」という語に出あうと，たいていはまず苦行僧などが絶食したり，自分の身体に苦痛を与えたりしながら，それによって何か非合理的な力を身につけようとする，そうしたことを思

い出すでしょう。でなければ，自分の欲望のすべてを抑えて，積極的には何もしない，そうした非行動的な態度あるいは行動様式を想像するのではないでしょうか。けれども，ヴェーバーのこの論文にあらわれてくる「キリスト教的禁欲」は，絶対に，そういう意味あいのものではないのです。ヴェーバーがこの「キリスト教的禁欲」を，別の個所では「行動的禁欲」というふうに呼んでいますが，このことがよく示しているように，われわれ日本人が想像しがちな非行動的な禁欲ではなくて，たいへんな行動力をともなった生活態度あるいは行動様式なのです。ちょうどパウロが新約聖書に収められている彼の手紙のなかで，自分たちの日々の伝道生活の営みをオリンピックのマラソン競走にたとえている，あれです。……つまり，あらゆる他のことがらへの欲望はすべて抑えてしまって——だから禁欲です——そのエネルギーのすべてを目標達成のために注ぎ込む，こういう行動様式が行動的禁欲なのです。

（出典：『プロテスタンティズムの倫理と資本主義の精神』）

ア　大学に合格する目標をかかげ，大好きなバイオリンの練習をやめて，ひたすら受験勉強に励む。

イ　自分の求める心の境地に達するために，自分の内面から生じる欲望をひたすら抑え込む。

ウ　自分の中にあるあらゆる欲望をけっして抑えようとはせずに，自然に従おうとする。

① ア
② イ
③ ウ
④ アとイ
⑤ アとウ
⑥ イとウ
⑦ アとイとウ

第4問 以下を読み，次の問い（問1～6）に答えよ。（配点　17）

I 「真理とは何か」について，クラスを3班に分けて発表することにした。次の**発表**は，中世から近代の思想について調べた1班のものである。

発　　表

　中世のヨーロッパ社会において，真理とは教会の教えそのものでした。教会の教えが真理なのであり，それはけっして疑ってはいけませんでした。教会が絶対的な権威を有していた時期には，ⓐ教会の教えに疑義を持った者に対して宗教裁判が実施され，場合によっては焚刑に処せられることもありました。

　宗教裁判で有名なのは，ガリレイに対するものです。ガリレイは，教会の教えに反して「　**a**　」という自説を唱え，宗教裁判にかけられました。ガリレイは，その裁判で自説を撤回しています。余談ですが，裁判が行なわれたのち，およそ400年たってから，教会はガリレイに謝罪しました。

　話をもとに戻します。教会の権威が徐々に失墜してくると，人びとはそれまでの教会の教えを疑い，新しい考えを提案します。たとえば，ⓑイギリス経験論の祖であるベーコンは，教会の教えであるスコラ哲学は発見のためのプロセスを欠いていると批判し，「　**b**　」という帰納法を提唱しました。また，ⓒ大陸合理論を創始したデカルトも，従来の哲学を疑いました。デカルトは，普遍的に妥当する確実な真理を得るためにすべてを疑うという方法をとりました。その中で，唯一確実な真理は「　**c**　がここに存在する」ということでした。

問1 発表中の　**a**　～　**c**　に入る記述を次の**ア**～**カ**から選び，その組合せとして正しいものを，次の①～⑥のうちから一つ選べ。　**17**

　　ア　地球を中心に太陽が回っている

　　イ　太陽を中心に地球が回っている

　　ウ　実験や観察をくり返し，そこから獲得された事実を総括し，一般的な原理や法則を導き出す

54

エ 明晰・判明な一般法則や原理から，理性による推理を通じて，個別的な判断を引き出す

オ 疑っている神

カ 疑っている私

① **a**—ア **b**—ウ **c**—オ　② **a**—ア **b**—エ **c**—オ

③ **a**—ア **b**—エ **c**—カ　④ **a**—イ **b**—ウ **c**—オ

⑤ **a**—イ **b**—ウ **c**—カ　⑥ **a**—イ **b**—エ **c**—カ

問2　下線部ⓐに関連して，次のメモは，生徒Aが宗教改革についてまとめたものである。メモ中の空欄　**a**　～　**c**　に当てはまる語句の組合せとして正しいものを，次の①～④のうちから一つ選べ。　18

メ　モ

ローマ・カトリック教会

・　**a**　救済の可能性を説く。

・教えに従わない者に対して，宗教裁判を行なう。

エラスムス

・　**b**　を著して，教会の堕落を風刺する。

・救済の可能性は，神による恩寵とみずからが救済されたいとする個人の自由意志による。

ルター

・どの職業も等しく尊い。

・人は　**c**　救済される。

---

① **a** 贖宥状の購入を条件に

　b 『キリスト者の自由』

　c 神を信仰することによってのみ

② **a** 贖宥状の購入を条件に

　b 『痴愚神礼賛』

　c 神を信仰することによってのみ

③ **a** 神を信仰することによってのみ

b 『キリスト者の自由』

c 贖宥状の購入を条件に

④ **a** 神を信仰することによってのみ

b 『痴愚神礼賛』

c 贖宥状の購入を条件に

問3 下線部ⓑに関連して，次の文章は，生徒Bがまとめたメモである。メモ中の空欄 **a** 〜 **c** に入る語句の組合せとして正しいものを，次の①〜④のうちから一つ選べ。 **19**

メ　モ

　経験論の学者は，ベーコンのほかにもいる。たとえば， **a** は，人間の心は「 **b** 」であるから，すべての観念は経験によって培われると説いた。また，ヒュームは，経験論を徹底させ，人間の心は「 **c** 」にすぎず，すべての事物や事象は印象と観念からなるとして，因果性や実体を疑問視した。彼の考えは「懐疑論」とも呼ばれる。

---

① **a** ロック　　　**b** 白紙　　　**c** 知覚の束

② **a** ロック　　　**b** 知覚の束　　**c** 白紙

③ **a** バークリー　**b** 白紙　　　**c** 知覚の束

④ **a** バークリー　**b** 知覚の束　　**c** 白紙

問4 下線部ⓒに関連して，次の**ア～ウ**は，大陸合理論者に分類される人物の思想を説明したものであるが，その正誤の組合せとして正しいものを，次の①～⑥のうちから一つ選べ。 20

ア デカルトは，考える主体である精神と，空間的な広がりをもつ主体である身体(物体)は独立した存在であると論じた。

イ スピノザは，神と自然を異なるものと考え，理性によって知覚することができるのは自然のみであると考えた。

ウ ライプニッツは，世界が分割不可能な精神的実体である原子(アトム)からなっていると論じた。

① ア―正 イ―正 ウ―誤 ② ア―正 イ―誤 ウ―正
③ ア―正 イ―誤 ウ―誤 ④ ア―誤 イ―正 ウ―正
⑤ ア―誤 イ―正 ウ―誤 ⑥ ア―誤 イ―誤 ウ―正

II 「真理とは何か」について，2班はフランスのモラリストの思想を調べた。

問5 フランスのモラリストの思想や事績について述べた記述として最も適当
なものを，次の①〜④のうちから一つ選べ。 21

① モンテーニュはソクラテスを師と考えており，彼の「私は何を知るか」
という言葉には懐疑の精神が示されている。

② モンテーニュは，人間の真のあり方を模索するためには，神の存在を
否定する必要があると考えた。

③ パスカルは，人間を超越者ととらえ，理性によってみずからの悲惨な
存在を克服し，神に近づくことができると考えた。

④ パスカルは，人間について，合理的な推理能力である繊細の精神と直
感的な判断能力である幾何学的精神の2つを併せもつべきだと考えた。

Ⅲ 「真理とは何か」について，3班は，イギリスの功利主義者ミルの『自由論』においてミルが論じている箇所を見つけ，それをクラス発表の際の**資料**とした。

問6 次の文章はその発表で使う**資料**であるが，その内容について最も適当なものを，次の①〜④のうちから一つ選べ。 22

> **資　料**
>
> 　真理には，たんに真理であるというだけで，誤謬ではない本来的な力があり，地下牢や火刑柱に打ち勝つ，などというのは根拠のない感傷的な言葉でしかない。人々は誤謬に熱中することはあっても，真理にはさほど熱中しない。また，法的な刑罰や，あるいは社会的な刑罰でさえ，十分に用いれば，たいていは真理の普及も誤謬の普及も食い止めることができる。真理の本当の強みは別のところにある。つまり，ある意見が真理である場合は，一度や二度は根絶されても，あるいは何度となく根絶されても，時代を経ていく中で，たいていはその真理を再発見する人が出てくる。そうした再登場をくり返すうちに，恵まれた状況のおかげで迫害を免れ，それ以降の抑圧の企てすべてに耐え抜いていけるところまで前進する時期が到来するのである。
>
> 　　　　　　　　　　　　　　　　　　　（出典：ミル『自由論』）

① 真理は，真理である以上，どのような誤謬にも打ち勝つだけの力が備わっている。

② 真理は，誤謬とは異なり，あらゆる人々を熱中させるだけの魅力が備わっている。

③ 真理は，誤謬とは異なり，法的なあるいは社会的な刑罰でさえ食い止めることはできない。

④ 真理は，あるときに迫害を受け根絶されても，いずれまた時代の中で再発見され，すべての抑圧に耐えうるものとなる。

第5問 次の問い（問1〜6）に答えよ。（配点　16）

問1　次の文章は，高校で「政治・経済」を学ぶ生徒Aと生徒Bの会話である。空欄　**a**　〜　**d**　には，次のア〜エのいずれかの語句がそれぞれ一度ずつ当てはまる。これらのうち，　**b**　・　**c**　に当てはまるものの組合せとして適当なものを，次の①〜⑥のうちから一つ選べ（順不同）。　**23**

生徒A：この前の授業で習ったように，近代の市民革命期以前の絶対王政下においては，国王の命令は絶対だったよね。

生徒B：「　**a**　」という言葉がそれを象徴しているよね。まさに，権力者が恣意的な支配を行なうことが可能であった時代だよ。

生徒A：そのような支配は，「　**b**　」と考える王権神授説によって裏づけられていた。

生徒B：しかし，市民革命以降は，法が権力者を拘束するという法の支配の考え方が生まれるね。

生徒A：うん，17世紀のイギリスの法律家であるクックは，13世紀の裁判官ブラクトンの言葉である「　**c**　」を引用して，国王ジェームズ1世の専制政治を批判したことも授業で習った。

生徒B：現在でも，イギリスやアメリカなどでは，法の支配の考え方にもとづく統治を行なっているね。

生徒A：現在のイギリスでは，国王は政治権力を有さないとしているよね。

生徒B：「　**d**　」という考え方が，それを言い表しているね。

ア　朕は国家なり

イ　国王は君臨すれども統治せず

ウ　国王といえども神と法のもとにある

エ　国王の命令は神によって正当化される

①　アとイ　　②　アとウ

③　アとエ　　④　イとウ

⑤　イとエ　　⑥　ウとエ

問2　国民主権には，次の**ア**と**イ**の２つの原理があると言われている。次のレポートは，国民主権について調べていた生徒Ｂが授業で発表するためにまとめたものの一部である。レポート中の　**X**　・　**Y**　には，**ア**・**イ**のいずれかがそれぞれ当てはまる。このうち，レポート中の　**Y**　に当てはまるものと，さらに　**Y**　に当てはまる**憲法上の措置の例**を示したものを**a**～**d**のうちから選び，正しい組合せを次の①～⑧のうちから一つ選べ。

| 24 |

権力的契機─ア
　国の政治のあり方を最終的に決定する権力は国民自身に存する。

正当性の契機─イ
　国家権力行使を正当づける究極的な権威は国民自身に存する。

> **レポート**
> 　君主主権の下においては，君主自身が統治権のかなりの部分を行使しえたため，　**X**　と　**Y**　とは重なり合っていたが，国民主権のもとでは，人民が常時政治に直接に参加することは不可能であるため，人民が代表者を選び，代表者が主権を行使するという間接民主制が採用されるようになった。その結果，両者は乖離し，　**Y**　が強調されるようになった。

憲法上の措置の例
a　憲法の改正には，国会が発議した憲法改正案に対して，国民投票において，その過半数の賛成を必要とする。

b　衆参両議院は，おのおの国政に関する調査を行ない，これに関して，証人の出頭および証言，記録の提出を要求することができる。

c　天皇は，内閣の助言と承認によって，国民のために，国事に関する行為を行なう。

d　内閣総理大臣そのほかの国務大臣は，文民でなければならない。

① ア―**a**

② ア―**b**

③ ア―**c**

④ ア―**d**

⑤ イ―**a**

⑥ イ―**b**

⑦ イ―**c**

⑧ イ―**d**

問3 生徒Cは，権力分立について調べた。次の**資料**は，17～18世紀のイギリスのある政治思想家が著した書物『統治二論』の訳の一部である。この文章中の　**a**　には，この人物が権力分立について述べた考えが入る。この思想家の名前と文章中の　**a**　に入る語句との組合せとして正しいものを，次の①～④のうちから一つ選べ。　 25

資　　料

　いずれにしても，政府が存続する間は **a** 。何故なら他人に対して法を定めることのできるものは，その者に対して必ず優越していなければならぬからである。……執行権をもっている者が，同時に立法権にも参与しているのでない限り，彼は立法権の下に立ち，立法権に対して責任を負っていることは明らかで，自由に変えられ，解職され得るものである。

　　　　思想家の名前　　　　　　 **a**

①　ロック　　　　　　　立法権が最高権なのである

②　ロック　　　　　　　執行権が最高権なのである

③　モンテスキュー　　　立法権が最高権なのである

④　モンテスキュー　　　執行権が最高権なのである

問4 社会契約説を唱えた思想家(ホッブズ・ロック・ルソー)の考えに共通している記述として最も適当なものを、次の①～④のうちから一つ選べ。 26

① 国家が成立する以前の状態は戦争状態であった。

② 人が生まれながら当然に有する権利がある。

③ 政府が人民との信託に反した場合、人民は抵抗権を行使できる。

④ 絶対王政を完全に否定している。

問5 次のア～ウは、アメリカ独立宣言、フランス人権宣言、ワイマール憲法の各条文の一部である。これらの条文をもつ人権宣言や憲法典を古い順に並べたとき、正しいものを、次の①～⑥のうちから一つ選べ。 27

ア

> われわれは、次の真理を自明なものと認める。すべての人は平等に創られていること。彼らは、その創造者によって、一定の譲るべからざる権利を与えられていること。それらの中には、生命、自由および幸福の追求が数えられること。

イ

> 経済生活の秩序は、すべての者に人間たるに値する生活を保障する目的をもつ正義の原則に適合しなければならない。この限界内で、個人の経済的自由は、確保されなければならない。

ウ

> 所有権は、一つの神聖で不可侵の権利であるから、何人も適法に確認された公の必要性が明白にそれを要求する場合で、かつ事前の正当な補償の条件のもとでなければ、これを奪われることがない。

① ア → イ → ウ

② ア → ウ → イ

③ イ → ア → ウ

④ イ → ウ → ア

⑤ ウ → ア → イ

⑥ ウ → イ → ア

問6 ダールは，民主政治を分析するための理論として「ポリアーキー」とい
う概念を提唱している。ダールは，「包括性（政治参加）」と「自由化（公的
異議申し立て）」を尺度にして，ポリアーキーを「高度に包括的で公的異議
申し立てに対して開かれた体制」と定義している。図は，これらの概念を
表したものであるが，図中の**a**〜**c**のそれぞれには，次の政治体制**ア**〜**ウ**
のいずれかが当てはまる。その組合せとして正しいものを，次の①〜⑥の
うちから一つ選べ。 28

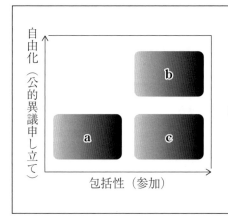

ⅰ．包括性（参加）：選挙権がどれ
だけの人びとに認められている
か（右に行くほど，多くの人び
とに認められている）。

ⅱ．自由化（公的異議申し立て）：選
挙権を認められている人びとが，
抑圧なく自由に政府に反対したり
対抗したりできるか（上に行くほ
ど，抑圧なく自由にできる）。

ア　現在のアメリカ大統領制

イ　ヒトラーが総統に就任したのちのドイツ第三帝国の政治体制

ウ　中国の民主主義的権力集中制

① 　**a**—ア　　**b**—イ　　**c**—ウ

② 　**a**—ア　　**b**—ウ　　**c**—イ

③ 　**a**—イ　　**b**—ア　　**c**—ウ

④ 　**a**—イ　　**b**—ウ　　**c**—ア

⑤ 　**a**—ウ　　**b**—ア　　**c**—イ

⑥ 　**a**—ウ　　**b**—イ　　**c**—ア

問　題　編

2021年（第1日程）

予想問題・第1回

予想問題・第2回

予想問題・第3回

予想問題・第1回　　65

第6問 現在の私たちの経済生活に関連して，次の問い（**問1〜6**）に答えよ。

（配点　16）

問1 消費活動について考えた生徒Aは，教科書に載っている消費活動の説明をメモとして残した。次の**メモ**中の空欄 **a** ・ **b** に入る語句の組合せとして正しいものを，次の①〜④のうちから一つ選べ。 29

メ　モ

　人びとは，**a** をもつ資源を使って最大の効用を得られるように行動するが，そこでは，何かを選択すればほかの何かをあきらめざるをえないという **b** の状況が生まれる。

---

① **a** 無限性　**b** トレード・オフ
② **a** 無限性　**b** クーリング・オフ
③ **a** 希少性　**b** トレード・オフ
④ **a** 希少性　**b** クーリング・オフ

問2 さらに，生徒Aは，人びとが消費行動として選択する際に基準となる機会費用について調べた。機会費用とは，ある選択を行なったために失う価値のうち最大のものをさす。いま，ある者が保有する1,000万円の使い道を考える。使い道としては次の**a〜c**が考えられるが，ある者は**a**を選択した。この場合の機会費用として正しいものを，次の①〜④のうちから一つ選べ。 30

a 万が一の出費に備え，現金として保有する。
b 0.5％利回り（単利）の10年満期の国債を購入し，利子収入を得る。
c 20年後に10％の運用利回りで給付が保障される年金に加入する。

① 0円　　② 50万円　　③ 100万円　　④ 1,000万円

問3 次の経済学者**a～c**と，その学説についての記述**ア～ウ**の組合せとして正しいものを，次の①～⑥のうちから一つ選べ。 **31**

a アダム・スミス
b ケインズ
c フリードマン

ア 経済は市場を通じて調整されるため，政府は裁量的な政策介入は行なわず，安定的に通貨を供給することに務めるべきである。
イ 市場における自由な経済活動によって経済が調整され，結果的に社会の富は増えていくので，政府は極力市場に介入すべきではない。
ウ 政府が財政金融政策で民間投資を刺激することで，有効需要が拡大し景気回復と完全雇用を達成できる。

① **a**ーア **b**ーイ **c**ーウ
② **a**ーア **b**ーウ **c**ーイ
③ **a**ーイ **b**ーア **c**ーウ
④ **a**ーイ **b**ーウ **c**ーア
⑤ **a**ーウ **b**ーア **c**ーイ
⑥ **a**ーウ **b**ーイ **c**ーア

問4 次のページの図は，国内で自給していた財について，その均衡価格以下の国際価格で輸入が可能になったときに，生産量や輸入量などがどのように変化するかを示している。まず，国内で自給していたときには，価格 P_0，数量 Q_0 で均衡していた。次に，国際価格 P_1 で無関税かつ無制限の輸入が可能になった結果，国内価格が P_1，国内需要量が Q_1 に変化した。この新たな均衡点に達したときの国内生産量，輸入量の組合せとして正しいものを，次のページの①～④のうちから一つ選べ。 **32**

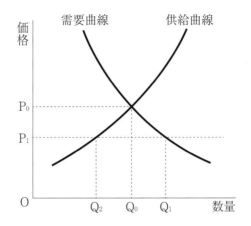

	国内生産量	輸 入 量
①	0	Q_1
②	Q_2	$Q_1 - Q_2$
③	Q_0	$Q_1 - Q_0$
④	Q_1	0

問5 現代社会においては，市場機構が有効に機能しない「市場の失敗」と呼ばれる現象がしばしば見られる。市場の失敗の事例として**適当でないもの**を，次の①～④のうちから一つ選べ。 33

① ある工場の騒音や悪臭などで，周辺住民の健康被害が生じた。

② 利用者から料金を徴収することが難しい一般道路などの公共財は，市場を通じて供給することが難しい。

③ 市場が独占や寡占状態になると，価格が下がりにくくなることがある。

④ 生産工場において，ある製品の生産効率性が上昇したために，その製品の価格が下落した。

問6 国・地方自治体によって提供される財・サービスに公共財と呼ばれるものがある。公共財とは，多くの人が同時に消費でき，かつ，代金を支払わない人をその消費から排除することが難しいという性質をもつ財・サービスをさす。公共財の性質をもつ財・サービス提供の例として最も適当なものを，次の①〜④のうちから一つ選べ。 34

① 街路樹の管理　　② 住宅の提供

③ 電力の供給　　　④ けがの治療

第7問　生徒Ａと生徒Ｂらは，2つのグループに分かれて，「国際平和と日本の果たすべき役割」について探究を行ない，クラスで発表することとなった。下の図は，その準備としてすべきことを整理したものである。これに関して，下の問い（**問1〜4**）に答えよ。（配点　10）

Ⅰ．課題の設定
　○@冷戦後の国際社会の現状－地域紛争や内戦，テロ
　○今後日本が果たすべき⑤国際貢献－日本国憲法第9条との抵触問題

＊何を，どのような観点から取り上げるかを特定し，設定した課題に関連する資料を収集する。

＊関係する資料を調査・検討・整理する。

Ⅱ．情報収集
　○ⓒ国際連合その他の国際機関のWebページや刊行物
　○外務省や防衛省のWebページや刊行物
　○専門書や論文

＊検討を進めるためにさらに必要な資料を調べる。

＊理解しやすいように，説明の仕方と構成を工夫する。

Ⅲ．整理と分析
　○冷戦前後の紛争の形態や性質の変化
　○ⓓ日米関係と日本の集団安全保障体制の変化

Ⅳ．まとめと発表
　○国連を中心とした集団安全保障体制
　○国会における，自衛隊派遣をめぐる与野党の議論
　○日本の国際貢献のあり方

問1　下線部@に関連して，生徒Ａは，第二次世界大戦後に起きた出来事を，次のページにあるカードに書いてまとめた。これらの（**ア**）〜（**エ**）の出来事を古いものから順に並べたとき，正しいものを次の①〜⑥のうちから一つ選べ。　| 35 |

> **(ア)**
> クウェートに侵攻した
> イラクに対して，多国籍
> 軍が組織され，武力行使
> した。

> **(イ)**
> 29か国の代表がインド
> ネシアのバンドンに集ま
> り，平和十原則を発表し
> た。

> **(ウ)**
> 南ベトナム政府を支持
> するアメリカと，北ベト
> ナムとのあいだで武力衝
> 突が起きた。

> **(エ)**
> ロシアがウクライナ南
> 部のクリミア自治共和国
> を併合した。

① （ア）→（イ）→（ウ）→（エ）
② （ア）→（エ）→（ア）→（イ）
③ （イ）→（ウ）→（ア）→（エ）
④ （イ）→（ア）→（エ）→（ウ）
⑤ （ウ）→（イ）→（エ）→（ア）
⑥ （ウ）→（エ）→（イ）→（ア）

問2 下線部ⓑに関連して，1992年に，日本は国連平和維持活動（PKO）協力法を制定し，その後も，自衛隊をいくつかの国や地域に国連のPKO要員として派遣してきた。自衛隊がPKO要員として派遣された国や地域として**適当でないもの**を，次の①～④のうちから一つ選べ。 **36**

① カンボジア ② ゴラン高原
③ ソマリア沖 ④ 南スーダン

問3 下線部ⓒに関連して，次の会話を読み，文中の **X** に入る文章として最も適当なものを，次の①～④のうちから一つ選べ。 **37**

生徒A：第二次世界大戦後，人権の国際的保障が国連を中心に進められて

問題編

2021年（第1日程）

予想問題・第1回

予想問題・第2回

予想問題・第3回

　　　　きているよね。

生徒Ｂ：人権の国際的保障は，人権保障が国境を越えて普遍的なものだという考えが前提にあるわけだけれど，はたしてそうだろうか？

生徒Ａ：どういう意味？

生徒Ｂ：人権概念そのものが西洋社会で生まれたものであって，それが全世界的なものであるとは言えないのではないか，ということだよ。

生徒Ａ：それはどうかな。人権(Human Rights)という言葉は西洋で生まれたものかもしれないけれど，その概念らしきものはどの国においてもあったのではないかな。たとえば，「人を殺してはならない」というのはどの国においても規範としてあると思うけれど，それは，人に生命権があることが前提にされるよね。

生徒Ｂ：その点は否定しない。どの国においても，国民に対して生きる権利を保障しているだろう。ただ，同じ生命権といっても，平和が常態化している国と，つねに戦争が絶えない国とでは，同一の規範内容であるはずはない。また，各地域固有の問題もあるだろう。それを国際的に保障する，すなわち，一律に保障することは難しいと言いたい。

生徒Ａ：それじゃ，ある国が著しく人権を侵害し，大量虐殺を行なっていたとしても，国際社会はそれを見逃すべきだということにならない？

生徒Ｂ：うーん。その点はまだ考えは詰められていない。ただ，　　Ｘ　　。

①　国連だって当初は連合国の集まりだったのが，いまやほぼすべての国が加盟しているのだから，その方針には普遍性がある

②　人権がすべての国において保障されているなんていうこと自体が幻想で，国民に生きる権利すら認めない国だってあるだろう

③　人権は，人間が持つ理性から当然に導かれるものなのだから，あらゆる国の人びとに適用されるものなんだよ

④　各国や各地域で起きている紛争には，歴史的・文化的・宗教的な原因が背景にあるはずで，人権保障というだけでは解決できない

問 4 下線部ⓓに関連して，自衛隊および日本の安全保障体制の動向に関する記述として最も適当なものを，次の①～④のうちから一つ選べ。 38

① 日米安全保障条約の締結にともなって保安隊が創設され，その後，保安隊の警察予備隊への改組を経て，自衛隊が創設されるに至った。

② 自衛隊は，PKO 協力法にもとづき，インド洋でのアメリカ軍の艦船への給油活動やイラク戦争後のイラク復興支援に従事した。

③ 在日アメリカ軍の駐留経費は，日本がその全額を「思いやり予算」として負担している。

④ 国際平和共同対処事態において，自衛隊が海外で他国軍の後方支援活動を行なうための恒久法である国際平和支援法が制定された。

予想問題
第2回

100点／60分

第1問 生徒AとBが，ギリシャ思想について交わした次の会話文を読み，次の問い（**問1～5**）に答えよ。（配点 13）

A：先日，『ソクラテスの弁明』を読んでみたんだ。対話形式で書かれてあって，読みやすかった。

B：ソクラテスの弟子の②プラトンが書いたものだね。僕は，それよりも同じプラトンが書いた『⑥プロタゴラス』のほうが好きだな。プロタゴラスとソクラテスの対話がおもしろい。

A：へえ，そんな本があるんだね。その対話は，やはりソクラテスがプロタゴラスを論破していく展開なんでしょう？

B：たしかに，プラトンが書いているのでどうしてもソクラテスびいきになっている気はする。ただ，プロタゴラスの言っていることも，真理をついている部分はたくさんあると思うんだけれどな。

A：そうなんだ。

B：⑥ギリシャの三哲なんて言葉があるように，ソクラテス，プラトン，そして⑥アリストテレスの思想が強調される場合が多いけれど，⑥ソクラテス以前の哲学者たちの存在がなければ，彼らがこれほど注目されることはなかったのかもしれない。

問1 下線部②に関連して，プラトンの思想に関する記述として**誤っているもの**を，次の①～④のうちから一つ選べ。　| 1 |

① 確実な知識の対象となる普遍的なイデアは，目や耳などを通じた感覚ではなく，思考能力としての理性によってとらえられる。

② 人間の魂には，かつて接していたイデアの世界への思慕の情があり，それを原動力にしてイデアを想起することで，イデア世界を学び知ることができる。

③ 魂は，イデアを認識する理性，意志のはたらきをなす気概，肉体にかかわる欲望の3つの部分に分かれ，理性が気概と欲望を統御すれば，勇気の徳が生まれる。

④ 国家全体の秩序と調和を保ち，正義を実現するためには，哲学者が国家を統治すべきである。

問2 下線部⑥に関連して，次の**資料**はプラトンの『プロタゴラス』の一節で，ソクラテスによるプロタゴラスへの「自分はだれかに徳を助言することができない」という発言に対する，プロタゴラスの答えの一部である。ここから読み取れる内容として最も適当なものを，次の①～④のうちから一つ選べ。 2

資 料

　アテネ人であろうが，他の国の人であろうが，話題が大工の徳やほかの職人の徳に関係するときには，助言できるのは少数の人だけだと考える。そして，その少数の人以外のだれかが助言しても聞き入れはしない。これはきみの言うとおりであり，わたしも至極当然のことだと主張する。

　だが，政治的な徳に関係する助言の場合には，終始一貫して正義と節度にのっとった助言をしなければならない。だから当然，人々はすべての人の助言を聞き入れるのだ。なぜなら人々は，すべての人がこの徳を持っているのが当たり前で，そうでなければ国が成り立つはずがないと考えているのだから。人々のふるまいの背後には，まさにこうした考えかたがあるわけだよ，ソクラテス。

（出典：プラトン『プロタゴラス』）

---

① 大工の徳であろうとほかの職人の徳であろうと，政治的な徳の場合と同様，すべての人が助言することができる。

② 大工の徳やほかの職人の徳についてはすべての人が助言することできるが，政治的な徳は少数の者にしか助言できない。

③ 大工の徳やほかの職人の徳については少数の者しか助言することができないが，政治的な徳についてはすべての人が助言できる。

④ 大工の徳やほかの職人の徳であろうと政治的な徳であろうと，それらを助言することはできない。

問3 下線部©に関連して，ギリシャの三哲の時代ののちにヘレニズム期と呼ばれる時代が始まる。次の**資料1・2**は，いずれもヘレニズム期を代表する思想家の言葉をまとめたものである。ここで紹介されているエピクロスやゼノンの思想を踏まえて，2つの**資料**から読み取れる内容として**適当でない**ものを，次の①〜④のうちから一つ選べ。 3

資 料 1 〈エピクロスの言葉〉

・最高の善は快楽であり，最大の悪は苦痛である。

・あなたが善人になりたければ，まずあなたが悪い部分をもつことを知れ。

資 料 2 〈ストア派のゼノンの言葉〉

・理性的動物に関しては，自然に適（かな）うもロゴスに適うも，ともに同じ一つの行為であり，別個のものではない。

・情欲は精神の非理性的・反自然的興奮，すなわち，強すぎる衝動のことである。

---

① 快楽を追求した境地にアタラクシアがあると説いたエピクロスは，**資料1**によると，快楽を最高の善だと考えた。

② 「隠れて生きよ」と述べて権力の獲得をめざして生きることの重要性を説いたエピクロスは，**資料1**によると，自分の中に悪があることの自覚をもつことの重要性を説いた。

③ 情念や欲望によって動かされることのないアパテイアを理想としたストア派のゼノンは，**資料2**によると，自然に従うことと理性に従うことを同一の行為であると考えた。

④ コスモポリテースを理想として，禁欲主義を説いたストア派のゼノンは，**資料2**によると，情欲を反自然的なものだと考えた。

問4 下線部ⓓに関連して，アリストテレスの事績や思想に関する記述として最も適当なものを，次の①〜④のうちから一つ選べ。　4

①　真の実在は感覚でとらえられる具体的な個々の事物であり，本質はその事物の中に内在されている。

②　アテネ郊外にアカデメイアを創設し，そこで論理学，生物学，政治学など多くの分野を開拓した。

③　人間は，知性的徳と習性的徳の両極端を避けた中庸を選択することで，最高・最善のあり方をみつけることができる。

④　プラトンが唱えるような理想主義ではなく，日常的・実際的な快楽を追求する観想的生活を追求すべきである。

問5 下線部ⓔに関連して，自然哲学者パルメニデスの言葉として正しいものを，次の①〜④のうちから一つ選べ。　5

①　人間はポリス的動物である。

②　人間は万物の尺度である。

③　在るものは在り，在らぬものは在らぬ。

④　汝自身を知れ。

2021年(第1日程)　予想問題・第1回　予想問題・第2回　予想問題・第3回

第2問 次のⅠ・Ⅱを読んで，次の問い（**問1〜5**）に答えよ。（配点　13）

Ⅰ　生徒Aと生徒Bは，平安仏教について図書館で資料を探していた。次の写真は，その資料に掲載されていたものである。

問1　次の絵は，平安仏教を代表する2人の開祖である。次の会話文は，AとBが絵を見ながら平安仏教について交わしたものである。下線部**ア・イ**の発言内容の正誤の組合せとして正しいものを，次の①〜④のうちから一つ選べ。　6

A：最澄といえば，比叡山に延暦寺を建立して天台宗を広めた僧だよね。

B：そう。その後，延暦寺は仏教を学ぶ総本山となっていった。最澄は「一切衆生悉有仏性」と述べて，_ア仏性を得るためには，自己の悟りを完成させた阿羅漢となることが必要だと考えた。

A：空海は，高野山に金剛峯寺を建立して真言宗を広めた僧だよね。空海の教えの特徴は何だろう？

B：空海は，_イ死後においてではなく，その身のままで仏となりうると説いた。

A：2人とも，特徴的な教えをもつ宗派を広めたんだね。

B：特徴的かどうかはわからないけれど，2人とも遣唐使として唐に渡り，仏教を学んできたんだ。

① ア　正　イ　正　　　② ア　正　イ　誤

③ ア　誤　イ　正　　　④ ア　誤　イ　誤

Ⅱ　次の**ノート**は，鎌倉仏教に関する授業で生徒Ｃが書き留めたものである。

```
ノート：鎌倉仏教のまとめ
ⓐ念仏をとなえる宗派
　・浄土宗：開祖(法然)─専修念仏
　・浄土真宗：開祖(親鸞)─絶対他力・悪人正機説
　・時宗：開祖(一遍)─「捨て聖」と呼ばれた。
題目をとなえる宗派
　・法華宗：開祖(日蓮)─法華経第一主義・ⓑ四箇格言
ⓒ坐禅を組む宗派
　　・臨済宗：開祖(栄西)
　　・曹洞宗：開祖(ⓓ道元)
```

問2　下線部ⓐに関連して，浄土宗の法然と浄土真宗の親鸞の教えにはいくつかの相違点がみられるが，その相違点を説明したものとして最も適当なものを，次の①～④のうちから一つ選べ。　| 7 |

　① 法然も親鸞も，念仏をとなえるだけでなく厳しい修行がなければ往生することはできない，と考えていた。

　② 法然は念仏をとなえるのは自分自身であると考えていたのに対して，親鸞は念仏をとなえることもまた阿弥陀仏の計らいであると考えた。

　③ 法然はこの世におけるあらゆるはたらきが阿弥陀仏による計らいであるという自然法爾を唱えていたのに対して，親鸞はそれを批判した。

　④ 法然はみずから功徳を積むことができない悪人こそが阿弥陀仏の慈悲にすがるにふさわしいと考えたが，親鸞はそれを批判した。

問3 下線部ⓑに関連する内容として**適当でないもの**を，次の①〜④のうちから一つ選べ。 8

① 天台宗は，無間地獄に落ちる教えを説いている。
② 真言宗は，国を滅ぼす教えを説いている。
③ 禅宗は，悪魔の教えを説いている。
④ 律宗は，国賊である。

問4 下線部ⓒに関連して，次の**資料**は，仏教学者である鈴木大拙の著書『禅学入門』からの引用である。この**資料**から読み取れることとして最も適当なものを，次の①〜④のうちから一つ選べ。 9

資　料

　禅は宗教であるか。これが一般的に考えられるような意味では，それは宗教ではない。禅には拝すべき神もなく，守るべき儀式もなく，死者の行くべく定められた未来の住家もなく，さらに最後に，何人かによってその幸福が保障されるであろうような霊魂なるものもないのである。禅は全然これらの独断的な，そして「宗教的」という邪魔物から自由である。禅に神なしと言えば，敬虔な読者は驚くであろうが，これは禅が神の存在を否定するというのではなく，否定も肯定も禅の関知するところではないのである。一物が否定さるる時，その否定は何物か否定されざるものを含んでいる。肯定についてもまた同じことが言い得られる。これは論理上避け難きことであるが，禅は論理の上に出でんと欲する。反対の無き，より高き肯定の発見を希う。ゆえに禅にあっては神は否定もされなければ，主張もされない。ただ猶太人や基督教徒によって考えられてきたような神がないというだけである。

---

① 禅は宗教ではない。しかし，それは拝すべき神が存在しないということであって，守るべき儀式は存在し，儀式を厳格に守ることで，死者の霊魂が本来向かうべき涅槃の境地に送られ，成仏すると考えられている。

② 禅は神や儀式といった宗教的なものから自由であり，その意味で宗教ではない。しかし，それは神を否定しているというわけではなく，むしろ神を肯定することで，神と一体となろうとするところに特徴がある。

③ 禅は宗教ではない。しかし，それは仏教のような宗教ではないという意味であって，猶太人における神や基督教における神と同じ神を想定し，儀式や死者の魂が向かう未来の住家を見つけることを目的としている。

④ 禅は神や儀式といった宗教的なものから自由であり，その意味で宗教ではない。しかし，それは神の否定という意味ではなく，否定も肯定もない論理を超えたものであろうとするところに特徴がある。

問5　下線部ⓓに関連して，次のメモは，生徒Dが道元の思想について書き留めたものである。メモ中の　 a 　・　 b 　に入る語句の組合せとして正しいものを，次の①〜④のうちから一つ選べ。　10

メ　モ

　道元は，座って心身の統一を得る坐禅をただひたすら行なう　 a 　を教えた。また，道元は，　 b 　と考えていた。

---

① a　居敬窮理
　 b　坐禅の修行と悟り(証)を得ることは一体のものである

② a　居敬窮理
　 b　坐禅の修行と悟り(証)を得ることとは異なるものである

③ a　只管打坐
　 b　坐禅の修行と悟り(証)を得ることは一体のものである

④ a　只管打坐
　 b　坐禅の修行と悟り(証)を得ることとは異なるものである

第3問 あるクラスの「倫理」の授業で，各生徒が江戸期の思想家について調べて発表することになった。次の**表**は，生徒が選んだテーマの一覧である。それぞれのテーマに関連する次の問い（**問1〜5**）に答えよ。（配点　13）

表

生徒E　林羅山について

生徒F　伊藤仁斎について

生徒G　荻生徂徠について

生徒H　国学者について

生徒I　民衆思想について

問1　生徒Eは，江戸時代の朱子学者の一人である林羅山について調べた。林羅山の事績や思想を説明した文章として最も適当なものを，次の①〜④のうちから一つ選べ。　| 11 |

① 天地自然の秩序になぞらえて上下尊卑の秩序を強調し，身分道徳の定着をめざした。また，「敬」によって人間の心の中にある私欲をおさえることの重要性を指摘した。

② 朱子学者でありながら『西洋紀聞』を著し，西洋の科学技術を高く評価した。しかし，キリスト教の教義については批判的で，幕府の禁教政策を支持した。

③ 互いにあざむかず，争わず，誠信の交わりを外交の基本精神であると説いた。対馬藩に仕え，堪能な朝鮮語を駆使して朝鮮との外交関係の構築に尽力した。

④ 禅僧として朱子学を学び，のちに還俗して朱子学者となった。儒学と神道を合一した垂加神道を唱えるとともに，天皇崇拝にもとづく大義名分と封建道徳を説いた。

問2　次のメモは，生徒Fが伊藤仁斎についてまとめたものである。空欄
　　 a 〜 **c** に入る語句の組合せとして正しいものを，次の①〜⑧のう
　　ちから一つ選べ。　12

> **資　料**
>
> 　伊藤仁斎は，京都で私塾 **a** 堂を開き，『論語』や『孟子』を，
> 後世の主観的な解釈を退けて実証的に解読しようとする **a** 学を提
> 唱した。仁斎によると，孔子が最も重視した人間のあり方とは仁愛の
> 実践であると考え，さらに，仁愛を実現するためには **b** が必要だ
> と考えた。この **b** は，古代日本人が尊んだ **c** も通じるものが
> ある。

① **a** 古義　　**b** 気　　**c** 不動心
② **a** 古義　　**b** 理　　**c** 不動心
③ **a** 古義　　**b** 誠　　**c** 清明心
④ **a** 古義　　**b** 理　　**c** 繊細の精神
⑤ **a** 懐徳　　**b** 誠　　**c** 清明心
⑥ **a** 懐徳　　**b** 気　　**c** 清明心
⑦ **a** 懐徳　　**b** 理　　**c** 不動心
⑧ **a** 懐徳　　**b** 誠　　**c** 繊細の精神

問3　生徒Gは，図書館で文献を調べている最中に，次の**資料**を発見した。こ
　　の**資料**は，江戸時代の徳川綱吉将軍の治世に反乱を企てた者がおり，一味
　　の中から出た密告者により反乱は未然に防がれたが，密告者がその後長い
　　間出仕が許されなかったことに対して，荻生徂徠が意見を述べたものであ
　　る。この**資料**から読み取れることとして最も適当なものを，次の①〜④の
　　うちから一つ選べ。　13

> **資　料**
>
> 　一般に密告を臆病というのは，私的な道徳の問題である。これに対
> し右の場合の密告は，幕府への大きな忠節である。戦国時代にはこう

いうことをした人は幾人もあり，みな主君に忠節を尽くした者と認められて，大名や旗本に取り立てられ，その子孫が今も続いているはずである。すべて私的な道徳と，公けの道徳や忠節とは，食いちがうものである。一国の政治の上では私的な道徳を重んじなくてはならない方面もあるけれども，公的な支配関係と矛盾し，支配に害を及ぼすようなことに関しては，私的な道徳を無視するものである。

（出典：荻生徂徠『政談』）

① 国の支配体制に害を及ぼすような行為に対して，それを密告することは許されなければならない。

② 密告は臆病者がすることであり，たとえそれが公けの道徳や忠節に従うものであったとしても，すべきでない。

③ 密告は，臆病ではなく公けの道徳や忠節に反する場合でなくても，どのような場合でも認められるべきである。

④ 密告は幕府への大きな忠節であるが，密告した者がその後出世して幕府の要職に就いたという例はない。

問4　生徒Hは，国学者について調べ，次のようなレポートを作成した。レポート中の　a　・　b　に入る語句の組合せとして正しいものを，次の①〜④のうちから一つ選べ。　14

レポート

・　a

・『古事記伝』『玉勝間』など，著書多数。

・儒教や仏教に感化された心を捨てて，生まれたままの心(真心)に従うべきことを説いた。

・　b　を古代日本人の精神とした。

・『源氏物語』を「もののあはれ」の文学としてとらえた。「もののあはれ」とは，人間が自然などの「もの」に触れたときにわき起こるしみじみとした感情のことで，人間性の本質であるとした。

① **a** 本居宣長

   b 男性的でおおらかな「ますらをぶり」

② **a** 本居宣長

   b 女性的でやさしい歌風である「たをやめぶり」

③ **a** 賀茂真淵

   b 男性的でおおらかな「ますらをぶり」

④ **a** 賀茂真淵

   b 女性的でやさしい歌風である「たをやめぶり」

問5 次のノートは，次の絵に関する**先生の指摘**と，生徒Ⅰがこの絵を見て感じた疑問，さらにその疑問について，Ⅰ自身が調べた結果を書き留めたものである。ノート中の　**a**　・　**b**　に入る記述の組合せとして正しいものを，次の①〜④のうちから一つ選べ。　15

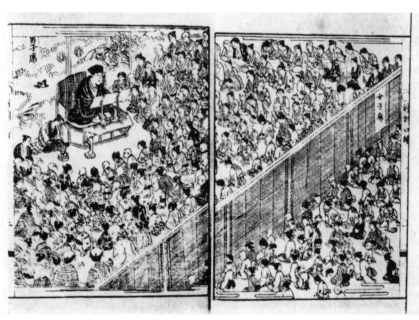

（国立国会図書館）

ノート

先生の指摘

・聴衆に囲まれて話をしているのは手島堵庵という人物である。石田
　梅岩の弟子で，梅岩の死後，彼が説いた学問である石門心学の普及
　に努めた。

気づいたこと・感じた疑問

・男性と女性で席が分かれているものの，1人の講師による話を男女
　がいっしょに聞いている。

・見たところ，聴衆には商人や町人が多そうである。

・この講師は何を話しているのか。

調べた結果

・石門心学とは，石田梅岩が唱えた学問で，　　a　　のような特徴をも
　つ。

・梅岩は，「商人の買利は士の禄に同じ」と述べて，身分制を職分の
　別としてとらえた。

・こうした学問が唱えられた背景には，この時代では，　　b　　とされ
　ていたことがある。

・梅岩は商人の立場を擁護しようとした。

① a 仏教や儒教を排斥した日本独自の神道説
　 b 商人がほかの身分の者に比べて勤勉で，すぐれている

② a 仏教や儒教を排斥した日本独自の神道説
　 b 商人がほかの身分の者に比べて，卑しい

③ a 儒学・仏教・老荘思想・神道を取り入れた独自の処世哲学
　 b 商人がほかの身分の者に比べて勤勉で，すぐれている

④ a 儒学・仏教・老荘思想・神道を取り入れた独自の処世哲学
　 b 商人がほかの身分の者に比べて，卑しい

第4問 西洋思想に関連する次の問い(**問1～4**)に答えよ。

(配点 11)

問1 生徒RとWが交わした次の会話を読み,カントの思想を踏まえたうえで,会話文中の $\boxed{\text{ a }}$ に入る文章として最も適当なものを,次の①～④のうちから一つ選べ。 $\boxed{16}$

R:うそをつくことについて,キミはどう思う?

W:道徳的にはダメだけれど,その人のことを思ってつくうそはあるんじゃないかな?

R:たとえば,アンネ・フランクが匿(かくま)われている家に,ナチスの憲兵がやってくる。家主は,ここにはだれもいないと言った。このうそは許される?

W:うそをつかなければ,アンネは殺されていたわけだろう。その場合のうそは許されるべきではないだろうか?

R:カントは, $\boxed{\text{ a }}$ 。

① うそをつくことはどんな場合にも許されない定言命法だと考えた。うそをつくことの善悪とアンネを助けられたかどうかのあいだには因果関係はなく,うそをついたら助かったかどうか,反対にうそをつかなかったから殺されたかどうかの判断はできないと言うはずだ。

② うそをついてはならないというのは状況次第であるという仮言命法であると考えた。うそをつくことは必ずしもよいことではないが,この場合,うそをつけばアンネを救えるのであれば,うそをついてよいと言うはずだ。

③ うそをつくことはどんな場合にも許されるという定言命法であると考えた。うそをつくのは人間の性であり,それはその目的の善悪にかかわりなく許されるべきだし,この場合,うそをつくことでアンネが助かるならば,なおさら認められるべきだと言うはずだ。

④ うそをついてはならないというのは状況次第であるという仮言命法であると考えた。しかし,アンネという他人を救うためにうそをつくというのは認められず,あくまで自分自身の命が危ういときのみであると言うはずだ。

問2　カントの認識論に関する記述として最も適当なものを，次の①～④のうちから一つ選べ。 17

① 対象が我々の認識に従うのではなく，我々の認識が対象に従う。

② 対象が我々に作用するのではなく，我々が対象を認識する。

③ 我々の認識が対象に従うのではなく，対象が我々の認識に従う。

④ 我々が対象を認識するのではなく，対象が我々に作用する。

問3　「人倫」という概念で道徳をとらえ直した思想家にヘーゲルがいる。ヘーゲルによる人倫についての説明として最も適当なものを，次の①～④のうちから一つ選べ。 18

① 欲望の体系である市民社会のもとでは，自立した個人が自己の利益を自由に追求し，経済的に豊かになることで内面的な道徳も育まれるために，人倫の完成がもたらされる。

② 人間にとって客観的で外面的な規範である法と，主観的で内面的な規範である道徳は，対立する段階を経て，最終的には法と道徳をともにいかす人倫のうちに統合される。

③ 国家によって定められる法は，人間の内面的な道徳と対立し，自立した個人の自由を妨げるものなので，国家のもとで人びとが法の秩序に従うときには人倫の喪失態が生じる。

④ 夫婦や親子など，自然な愛情によって結びついた関係である家族のもとでなければ，国家や法の秩序のもとで失われた個人の自由と道徳が回復され，人倫の完成がもたらされることはない。

問4 当時のフランス社会を批判した啓蒙思想家**A**〜**C**と，その思想や事績についての記述**ア**〜**ウ**との組合せとして正しいものを，次の①〜⑥のうちから一つ選べ。　19

A　ヴォルテール
B　ディドロ
C　モンテスキュー

ア　立法権・行政権・司法権が互いに抑制と均衡をはかるシステムの重要性を認識し，それを欠いたフランスの専制政治を批判した。
イ　さまざまな学問や技術を集大成した著作を出版するとともに，後年には唯物論の立場を鮮明にした。
ウ　書簡形式の著作において，イギリスの進歩的な政治制度や思想をフランスに紹介することを通じて，フランスの現状が遅れていることを批判した。

① **A**—**ア**　　**B**—**イ**　　**C**—**ウ**
② **A**—**ア**　　**B**—**ウ**　　**C**—**イ**
③ **A**—**イ**　　**B**—**ア**　　**C**—**ウ**
④ **A**—**イ**　　**B**—**ウ**　　**C**—**ア**
⑤ **A**—**ウ**　　**B**—**ア**　　**C**—**イ**
⑥ **A**—**ウ**　　**B**—**イ**　　**C**—**ア**

第5問 次の文章を読み，次の問い（問1～6）に答えよ。（配点　15）

問1　平等には，大きく分けて2つの考えがある。次の**考え方X**と**考え方Y**のうち，**考え方Y**にもとづいた**具体的措置**として最も適当なものを，次の①～④のうちから一つ選べ。　20

> **考え方X**
> 　性別や身分，財産などいかなる差別もなく，すべての者に対して平等な社会を実現しなければならない。その機会の平等さえ保障されれば，その後の競争によって生じた格差は許容されるべきである。

> **考え方Y**
> 　機会の平等が保障されても，その後の競争社会において生じる格差を是正しなければ，真の平等社会は実現しない。結果的に生じた格差を是正するための措置を講じる必要がある。

具体的措置
ア　従業員の一定割合を障害者の雇用にあてるよう企業に義務づけること
イ　国民に対して等しく裁判を受ける権利を認めること
ウ　すべての国民に対して義務教育を無償とすること
エ　性別を問わず，育児休業や介護休業をとる権利を保障すること

①　ア　　②　イ　　③　ウ　　④　エ

問2 人権思想の発達に関連して，次の図の空欄 **a** ～ **c** に当てはまる人権の組合せとして正しいものを，次の①～⑥のうちから一つ選べ。

21

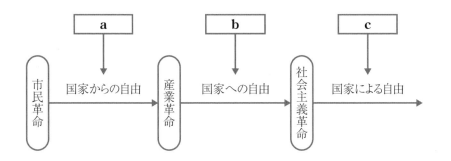

① **a** 思想・良心の自由　**b** 選挙権　**c** 生存権
② **a** 思想・良心の自由　**b** 生存権　**c** 選挙権
③ **a** 選挙権　**b** 思想・良心の自由　**c** 生存権
④ **a** 選挙権　**b** 生存権　**c** 思想・良心の自由
⑤ **a** 生存権　**b** 思想・良心の自由　**c** 選挙権
⑥ **a** 生存権　**b** 選挙権　**c** 思想・良心の自由

問3 これまで最高裁判所が下した判決に関する記述として最も適当なものを，次の①～④のうちから一つ選べ。 22

① 日本国憲法における生存権を保障する規定は，具体的な権利を保障しているという判決を下した。
② 尊属殺人の法定刑を，一般の殺人よりも著しく重く定めている刑法の規定は，法の下の平等に反するという判決を下した。
③ 結婚後も夫婦が互いに結婚前の姓を称する夫婦別姓制度を認めていない民法の規定は，法の下の平等に反するという判決を下した。
④ 市立体育館の建設にさいし，地鎮祭を行ない，公金を支出したことは，政教分離に反するという判決を下した。

問4 日本国憲法が保障する権利やそれに関係する制度に関する記述として最も適当なものを，次の①～④のうちから一つ選べ。 **23**

① 公共の福祉に反する疑いのある著作物について，行政機関は検閲を行ない，その出版を差し止めることができる。

② 何人も，現行犯の場合を除き，裁判官の発する令状がなければ逮捕されない。

③ 財産権は不可侵の権利とされており，どんな場合にもこの権利に対する制約は認められない。

④ 新たに法律を制定し刑罰を定めれば，法律制定以前の行為を，さかのぼって処罰することができる。

問5 日本国憲法で保障されている社会権的基本権について述べた記述ア～ウの正誤の組合せとして正しいものを，次の①～⑥のうちから一つ選べ。 **24**

ア 生存権は，日本国憲法だけでなく，大日本帝国憲法にも明記されていた。

イ 教育を受ける権利は，18歳未満の児童に対してのみ認められる。

ウ 争議権は，公務員以外のすべての労働者に保障されている。

① ア 正　イ 正　ウ 誤　　② ア 正　イ 誤　ウ 正
③ ア 正　イ 誤　ウ 誤　　④ ア 誤　イ 正　ウ 正
⑤ ア 誤　イ 正　ウ 誤　　⑥ ア 誤　イ 誤　ウ 正

問6　次の**書き込み**は，交際相手との私的な関係を小説化された政治家が，その小説を出版した会社に対して名誉毀損であるとして訴えを起こしたという事件について，ネット上で掲載されたものである。次の意見①～④のうちから，この**書き込み**を行なった者が支持すると考えられるものとして最も適当なものを，一つ選べ。　25

> **書き込み**
>
> 　政治家であっても，プライバシーの権利は保障されなければならない。しかし，公人として，その容姿などが公開されることはありうる。その報道が公益を実現する目的があって実際にそのような効果が得られる場合もあるが，交際相手との個人的関係を公開することは，公益の実現とはなんら関係ない。したがって，この政治家の訴えは認められるべきである。

①　たとえ政治家であっても，一般市民とまったく同様にプライバシーの権利が認められなければならない。交際相手との個人的関係を公開された政治家の訴えは認められるべきである。

②　政治家は公人であるので，一般市民と同じようにプライバシーの権利が保障されるわけではない。また，政治家がみずからの顔や私生活が公表されることは，プライバシーの権利の侵害には当たらない。

③　そもそもプライバシーの権利は憲法上のどこにも明記されていないのであるから，たとえ政治家であっても一般市民であっても，自明のものとして認められているわけではない。

④　政治家は公人であるから，プライバシーの権利の保障がある程度制限されることはやむをえない。しかし，たとえ政治家であっても，公務と関係のない交際相手との関係を公開されることはプライバシーの権利の侵害に当たる。

第6問 次の**資料**は，1986年に，日本銀行の総裁であった前川春雄が中心となって作成された「国際協調のための経済構造調整研究会報告書」(いわゆる「前川レポート」)の一部である。この**資料**を読み，次の問い(**問1～9**)に答えよ。

(配点 25)

資　料

国際協調のための経済構造調整研究会報告書

1　我が国経済の置かれた現状

　ⓐ戦後40年間に我が国はⓑ急速な発展を遂げ，いまや国際社会において重要な地位を占めるに至った。

　国際収支面では，経常収支黒字がⓒ1980年代に入り傾向的に増大し，とくに1985年は，対ⓓGNP（国民総生産）比で3.6%と，かつてない水準までに大幅化している。

　我が国の大幅な経常収支不均衡の継続は，我が国の経済運営においても，また，世界経済の調和ある発展という観点からも，危機的状況であると認識する必要がある。

　いまや我が国は，従来のⓔ経済政策および国民生活のあり方を歴史的に転換させるべき時期を迎えている。かかる転換なくして，我が国の発展はありえない。

2　我が国のめざすべき目標

　今後，経常収支不均衡を国際的に調和のとれるよう着実に縮小させることを中期的な国民的政策目標として設定し，この目標実現の決意を政府は内外に表明すべきである。

　経常収支の大幅黒字は，基本的には，我が国経済の　**X**　指向等経済構造に根ざすものであり，今後，我が国の構造調整という画期的な施策を実施し，国際協調型経済構造への変革をはかることが急務である。

　この目標を実現していく過程を通じ国民生活の質の向上をめざすべきであり，また，この変革の成否は，世界の中の我が国の将来を左右するとの認識が必要である。

これらを通じ，我が国の経済的地位にふさわしい責務を果たし，世界経済との調和ある共存をはかるとともに，経済のみならず科学技術，文化，学術面で世界に貢献すべきである。

　我が国のめざすべき目標を実現するため，当研究会は，以下の基本的考え方にもとづき，その具体的方策を提言する。

提　　言

　国際協調型経済を実現し，国際国家日本を指向していくためには，　Y　主導型の経済成長をはかるとともに，輸出入・産業構造の抜本的な転換を推進していくことが不可欠である。同時に，適切な為替相場の実現およびその安定に努め，また，(f)金融資本市場の自由化・国際化を一段と推し進めていく必要がある。さらに，国際協力により世界へ積極的に貢献していくことも重要である。これらの実施にあたっては，税制を含む財政・(g)金融政策の役割も重要であり，とくに，貯蓄優遇税制については抜本的に見直す必要がある。〔以下，省略〕

問1　**資料**中の　X　・　Y　に入る語句の組合せとして正しいものを，次の①〜④のうちから一つ選べ。　26

	X	Y
①	輸　入	内　需
②	輸　入	外　需
③	輸　出	内　需
④	輸　出	外　需

問2　下線部ⓐに関連して，戦後復興期に行なわれた政策として**適当でないも**のを，次の①〜④のうちから一つ選べ。　27

① 消費税の導入

② 寄生地主制の解体

③ 過度経済力集中排除法の制定

④ 労働三法の制定などの労働民主化政策

問3　下線部ⓑに関連して，日本の高度経済成長期に関する記述として最も適当なものを，次の①～④のうちから一つ選べ。　**28**

　①　この時期に，日本のGNPはアメリカに次ぐ資本主義国第2位となった。

　②　この時期に長期にわたる好景気が持続できた要因の一つに，株式などの直接金融による資金調達が容易であったことが挙げられる。

　③　この時期に，田中角栄内閣が国民所得倍増計画を策定し，今後10年間で国民所得を2倍にすることが目標とされた。

　④　この時期の日本はまだ発展途上であったため，公害が発生し深刻化することはなかった。

問4　下線部ⓒに関連して，1980年代以降の日本の経済状況に関する説明として最も適当なものを，次の①～④のうちから一つ選べ。　**29**

　①　プラザ合意以降の急速な円安によって原材料価格が低下したため，日本の輸入産業の収益は大きく伸びることになった。

　②　中曽根康弘内閣が，日本国有鉄道，日本電信電話公社，日本専売公社を民営化するという政策を実施した。

　③　総合農政のもと，コメの生産量を減らすために作付面積を制限するなどの減反政策が始まった。

　④　バブル景気に入ると，日本銀行の低金利政策によって，地価や株価だけでなく，消費者物価も高騰していった。

問5 下線部ⓓに関連して，次の国民経済計算体系にもとづく表から読み取れる内容として**適当でないもの**を，次の①〜④のうちから一つ選べ。 | 30 |

国内のすべての生産額の合計	500
中間生産物の価額	50
固定資本減耗	100
海外からの純所得	10
間接税＋補助金	5

（単位：億円）

① GDP は GNP よりも小さい。
② NNP は 360 億円である。
③ NI は 355 億円である。
④ GDE は 460 億円である。

問6 下線部ⓔに関連する記述として**適当でないもの**を，次の①〜④のうちから一つ選べ。 | 31 |

① 財政政策と金融政策を組み合わせた政策手段を使って政策目標を達成していく政策方法をポリシー・ミックスという。
② 政府が財政赤字を補填するために国債を発行することは財政法上認められているので，特例法を制定する必要はない。
③ 政府は，好景気のときには増税し，不景気のときには減税することで経済を安定させようとする。
④ 日本銀行は，不況期には資金供給オペレーション（買いオペレーション）を行ない，通貨量を増加させる。

問7 下線部⑥に関連して，市場メカニズムについて説明した次の**資料**と図1・2を読み，文章中の空欄　**a**　・　**b**　に当てはまる語句の組合せとして正しいものを，次の①～④のうちから一つ選べ。　32

> **資　料**
>
> 　市場は，ある価格のもとで消費者が購入したいと考える量である需要と，ある価格のもとで生産者が生産したいと考える量である需要を一致させて，財やサービスの価格や数量を決定する。このときの価格は均衡価格，数量は均衡取引量と呼ばれる。均衡状態にあるときに原材料価格が下落すれば，図1のSが　**a**　にシフトする。
>
> 　次に，供給曲線の傾きについて考える。供給曲線の傾きは，価格の変動によって，財の供給量がどれほど変化したかを示す。たとえば，農産物の場合には，たとえ価格が高くなっても，生産者は供給量をさほど増やせない。他方，工業製品の場合には，生産者は価格の変化に応じて供給量を比較的容易に調整することができる。図2におけるS₃とS₄のうち，工業製品の供給曲線は　**b**　である。

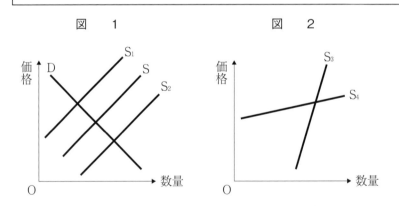

図　1　　　　　　　　　　　　図　2

	a	b
①	S_1	S_3
②	S_1	S_4
③	S_2	S_3
④	S_2	S_4

問8 下線部⑧に関連して，次の表のように，銀行Aが，1億円の預金を受け入れ，支払準備率を10%として企業に貸し出すとする。さらに，この資金は取引を経たのち，銀行Bに預金される。銀行の支払準備率をすべて10%で一定とすると，この過程が次々と繰り返された場合，信用創造でつくり出された銀行全体の貸出金の増加額として正しいものを，次の①～④のうちから一つ選べ。　33

銀　　行	預　　　金	支払準備金	貸　出　金
A	1億円	1,000万円	9,000万円
B	9,000万円	900万円	8,100万円
C	8,100万円	810万円	7,290万円
⋮	⋮	⋮	⋮

① 1,000万円 　　② 9,000万円

③ 9億円 　　④ 10億円

問9 **資料**の内容に沿った記述として最も適当なものを，次の①～④のうちから一つ選べ。　34

① ある国の経常収支における大幅黒字の継続は，その国の経済運営にとって望ましいことである。

② 日本がその経済的地位にふさわしい責務を果たすことは，科学技術や文化，学術とは無関係である。

③ 日本が構造調整という画期的な施策を実施し，国際協調型経済構造への変革をはかるためには，国民生活の質の向上をめざす必要がある。

④ 国際協力により世界へ積極的に貢献していくためには，税制を含む財政・金融政策の役割こそが重要であり，貯蓄優遇税制については見直す必要はない。

第7問　次に示したのは，「河合経済新聞」次号1面記事の配置計画である。ⓐ〜ⓓの記号は，それぞれの見出しを示している。これに関する以降の問い（問1〜4）に答えよ。（配点　10）

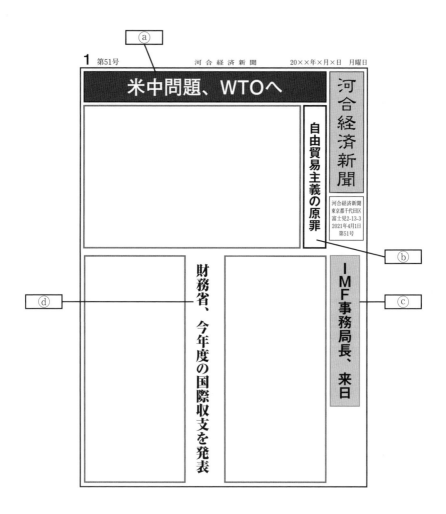

問1　見出し@に関連して，自由貿易体制に関する記述として最も適当なものを，次の①〜④のうちから一つ選べ。　35

① 日本がはじめて EPA（経済連携協定）を締結した国はアメリカであり，現在，同国とのあいだで，貿易や投資のほか人の移動も自由化されている。

② 日本は，海外からの安価な輸入品から国内の農業を保護するという理由で，今日まで TPP（環太平洋パートナーシップ協定）の交渉に参加していない。

③ WTO（世界貿易機関）では，GATT（関税と貿易に関する一般協定）に比べ，加盟国間の紛争を処理する機能がいっそう強化されている。

④ WTO は自由・無差別を原則としているため，発展途上国からの輸入品に低関税を課す一般特恵関税制度を禁止している。

問2　見出し⑥に関連して，国際分業のメリットを説明する比較生産費説について考える。次の表は，X・Y 各国で電化製品と農産品をそれぞれ 1 単位生産するのに必要な労働者数を表す。これらの生産には労働しか用いられないとする。また，各国内の労働者は，この 2 つの産業で全員雇用されるとする。この表から読み取れる内容について，次の文章中の　a　・　b　に入る語句の組合せとして正しいものを，次の①〜④のうちから一つ選べ。　36

	電化製品	農産品
X　国	4 人	8 人
Y　国	24 人	12 人

　いずれの産業においても X 国は Y 国よりも労働生産性が　a　。ここで，農産品の生産を X 国が 1 単位減らし，Y 国が 1 単位増やすとする。すると，生産量の両国の合計は，農産品では変わらないが，電化製品については　b　増える。

① **a** 低い　**b** 0.5 単位
② **a** 低い　**b** 1.5 単位
③ **a** 高い　**b** 0.5 単位
④ **a** 高い　**b** 1.5 単位

問3　見出しⓒに関連して，これまでの国際金融をめぐる動向に関する記述として最も適当なものを，次の①〜④のうちから一つ選べ。　37

① IMF（国際通貨基金）は，国際収支が悪化している国に対して短期融資を行なっている。
② レーガン大統領は，アメリカから大量の金が流出する事態を受け，金とドルの交換を停止した。
③ スミソニアン協定にもとづいて固定為替相場制が廃止され，変動為替相場制が正式に承認された。
④ 変動為替相場制に移行してから円安・ドル高傾向が強まったために，日本の貿易収支の赤字は次第に大きくなった。

問4　見出しⓓに関して，次の表はX国のある年の国際収支の内訳を示したものである。表中の　a　・　b　に入る数字を答えよ。　38

項　　目	額(兆円)
経常収支	a
貿易収支	−10.6
サービス収支	−1.6
第一次所得収支	16.5
第二次所得収支	−1.0
金融収支	b
資本移転等収支	−3.9
誤差脱漏	−4.0

① a　3.3　　b　4.6
② a　3.3　　b　−4.6
③ a　−11.6　b　4.6
④ a　−11.6　b　−4.6

予想問題
第3回

100点／60分

第1問　次の先生と生徒の会話文を読み，次の問い（問1〜4）に答えよ。

（配点　11）

先　生：「井の中の蛙，大海を知らず」という中国の故事を知っていますか？

生　徒：ⓐ古代中国思想の一つであるⓑ道家の荘子ですね。井戸の中にいるカ
エルは，井戸の中だけが世界なので，その外に大きな海があることを
知らない。自分のせまい知識や考えにとらわれて，ほかの広い世界の
あることを知らないでいることのたとえですね。

先　生：はい。そのようによく言われるのですが，じつは，この故事には続き
があると言われています。

生　徒：どういう続きですか？

先　生：「井の中の蛙，大海を知らず」に続いて，「されど，空の青さを知る」
とあります。つまり，井戸の中の蛙は，井戸の中にずっといるから，
外の世界を知らない。しかし，ずっと井戸の中から空をながめている
ので，空の青さを知っている。じつは，物事をじっと考え続けること
の大切さを説いているとも言われています。

生　徒：えっ，そうなんですか？　もしそうなら，この故事は一般的に言われ
ていることとまったく異なる意味になりますね。

先　生：はい。中国の故事がまったくちがう意味に用いられていることはよく
あります。つい先日，「現代社会を生きるためのⓒ朱子学の教え」とい
う講演会を聴きに行ったら，講演者が，ⓓ儒家の孔子が述べた「過ぎた
るは及ばざるがごとし」という故事を「終わったことはくよくよして
も仕方がない」という意味で使っていました。

生　徒：それは本来，「多すぎても少なすぎてもだめだ」という孔子の中庸思想
を表す言葉ですよね。

問1　下線部ⓐに関連して，次の中国の思想家 **A** 〜 **C** とその思想ア〜ウとの組
合せとして正しいものを，次のページの①〜⑥のうちから一つ選べ。　□ 1 □

　A　董仲舒
　B　墨子
　C　韓非子

ア 他者を区別することなく愛し合い，人びとが互いに利益をもたらし合う博愛平等の社会をめざした。

イ 人間は本来利己的であり，放任すれば治安が乱れるので，君主は法により信賞必罰を厳格に行なうべきであると主張した。

ウ 『春秋』にもとづいて公羊学を修めるとともに，儒家以外の諸子百家を排斥して儒学を国家教学として据えるよう献策した。

① A—ア　　B—イ　　C—ウ
② A—ア　　B—ウ　　C—イ
③ A—イ　　B—ア　　C—ウ
④ A—イ　　B—ウ　　C—ア
⑤ A—ウ　　B—ア　　C—イ
⑥ A—ウ　　B—イ　　C—ア

問2　下線部ⓑに関連して，次のメモは，古代中国の思想家である老子についてまとめたものである。　**a**　・　**b**　に入る記述の組合せとして正しいものを，次のページの①〜④のうちから一つ選べ。　**2**

（写真提供：ユニフォトプレス）

メ　モ

　道家の老子は，道を　**a**　としてとらえていた。老子は，「　**b**　」と述べていることからもわかるように，人為的なものを排除してあるがままに生きることの重要性を説いていた。

問題編

2021年（第1日程）　予想問題・第1回　予想問題・第2回　予想問題・第3回

① **a** 人間の守るべき規範

   b 無為自然

② **a** 人間の守るべき規範

   b 怪力乱神を語らず

③ **a** 宇宙を生成する根源

   b 無為自然

④ **a** 宇宙を生成する根源

   b 怪力乱神を語らず

問3 下線部ⓒに関連して，朱子学の祖である朱熹が人の本性の問題について述べた考えとして最も適当なものを，次の①〜④のうちから一つ選べ。　3

① 人間の本性は欲望であり，そのままにしておけば争いに至るので，礼によってその性質を矯正する必要がある。

② 万物は本来，平等一体であり，大小，是非などすべての価値的区別は相対的なものにすぎず，人の本性にも善悪の区別はない。

③ 人の本性は万物と共通の理であって善なるものだが，肉体を構成する気によって乱されており，悪の存在はその乱れに由来する。

④ 生まれながらの心がそのまま理であって，生得の道徳性を自由に発揮すれば本性の善がそのまま実現する。

問4 下線部ⓓに関連して，次の**資料**から読み取れる内容として最も適当なものを，次の①～④のうちから一つ選べ。 | 4 |

資　料

　孟子曰く，力を以て仁を仮る者は覇たり。覇は必ず大国を有つ。徳を以て仁を行なう者は王たり。王は大を待たず，湯は七十里を以てし，文王は百里を以てせり。力を以て人を服する者は，心服せしむるに非ざるなり，力足らざればなり。徳を以て人を服せしむる者は，中心より悦びて誠に服せしむるなり，七十子の孔子に服せるが如し。

(出典：「公孫丑章上」『孟子（上）』)

〔注〕　仁：仁政。民衆に恵み深い政治。
　　　　湯：湯王。殷の初代国王。
　　　　文王：中国殷代末期の周の君主。

---

① 武力による支配者が覇であり，その覇は必ずしも大国の持ち主とならない。
② 徳によって民衆に恵み深い政治を行なう者が王である。
③ 武力によって人を心の底から服従させる必要がある。
④ 人を服従させることは難しく，孔子でさえもできなかった。

問1　生徒Xは，近代日本思想について図書館で調べているうちに，福沢諭吉の『福翁自伝』を見つけた。その一節である次の**資料**から読み取れることとして最も適当なものを，次の①～④のうちから一つ選べ。　　5

> **資　料**
>
> 　もともと私の教育方針は，自然の原則に重きをおいて，数と理とこの二つのものを根本とし，日常生活のことはすべてをそこから割りだしてゆきたい。また道徳論については，人生を万物のなかでもっとも価値あるものと見て，自尊自重いやしくも卑劣なことはできない。……
>
> 　東洋と西洋を比べてみれば，……国のありさまを見ると，富国強兵・国民の幸福という点で，東洋は西洋より劣っている。その原因が実際には国民の教育から来るとすれば，両方の教育方法に違いがなければならない。そこで東洋の儒教主義と西洋の文明主義とを比較してみると，東洋にないものは，有形において数理学と，無形において独立心と，この二点である。
>
> 　人間万事，数理を無視することはできず，信念としてもつべきものは独立心のほかにないという大切なことを，わが日本国においては軽く見ている。こんなありさまで，日本は西洋諸国と肩を並べることはできそうもない。
>
> 　　　　　　　　　　　　　　　　　　　（出典：福沢諭吉『福翁自伝』）

①　教育方針としてあるものは，自然の原則に従って，数と理とはまったく異なる次元にある情や恥である。

②　東洋と西洋を比べると，富国強兵という点では西洋に劣るものの，国民の幸福という点で見れば，東洋のほうがすぐれている。

③　東洋の儒教主義にはなくて西洋の文明主義にはあるものとして，数理学と独立心が挙げられる。

④　数理学や独立心は人間の信念として必ずしももつべきものではないので，日本は西洋とは異なる独自の学問や精神を育めばよい。

問2 生徒Yは，日本の啓蒙思想家の考えについて，次のようなレポートを作成した。

レポート

　日本の啓蒙思想家についてみてみよう。啓蒙思想と自由民権運動との関連についてみてみると，たとえば，「一身独立して一国独立す」という言葉にも表れているように，　a　は　i　と考えていたが，それとは対照的に，　b　は　ii　と考えていた。こうした考え方の相違は，自由民権運動に対する両者の立場にも表れている。　b　の「自由は取るべき物なり，貰うべき品にあらず」という言葉にも表れているように，　b　は自由民権運動を積極的に肯定する立場をとっていた。

⑴　　a　に入るものとして最も適当なものを，次の**人名**①〜④のうちから，　i　に入るものとして最も適当なものを，次のページの**言葉**①〜④のうちからそれぞれ一つ選べ。

　　　　　a　に入る人名→　**6**　　　　　i　に入る言葉→　**7**

⑵　　b　に入るものとして最も適当なものを次の**人名**①〜④のうちから，　ii　に入るものとして最も適当なものを次のページの**言葉**①〜④のうちからそれぞれ一つ選べ。

　　　　　b　に入る人名→　**8**　　　　　ii　に入る言葉→　**9**

人　名

① 福沢諭吉　　② 西村茂樹
③ 中江兆民　　④ 和辻哲郎

言　葉

① 個人の独立は国家の独立の手段である

② 個人の独立はそれ自体が目的である

③ 君主は国家第一のしもべである

④ 人間は個性と社会性の弁証的統一体である

問3　次の**資料**は，内村鑑三におけるキリスト教の理解と，彼の社会的実践に関する説明である。　**a**　～　**c**　に入れる語句の組合せとして正しいものを，次の①～⑧のうちから一つ選べ。　10

資　料

　内村は，　**a**　と同様，キリスト教の一派をなすプロテスタントの信者である。彼は，　**a**　の影響を受けて，大切なのは個人として神の前に立ち『聖書』の言葉に直接向き合うことだという　**b**　を唱えた。さらに，内村は「　**c**　の上に接木されたるキリスト教」という言葉を残したように，武士道がキリスト教を受容する基礎になりうると考えていた。

---

① **a** イグナティウス・デ・ロヨラ　　**b** 無教会主義　　**c** 武士道

② **a** イグナティウス・デ・ロヨラ　　**b** 内部生命論　　**c** 清明心

③ **a** イグナティウス・デ・ロヨラ　　**b** 無教会主義　　**c** 武士道

④ **a** イグナティウス・デ・ロヨラ　　**b** 内部生命論　　**c** 清明心

⑤ **a** ルター　　**b** 無教会主義　　**c** 武士道

⑥ **a** ルター　　**b** 内部生命論　　**c** 清明心

⑦ **a** ルター　　**b** 無教会主義　　**c** 武士道

⑧ **a** ルター　　**b** 内部生命論　　**c** 清明心

問4 西田幾多郎は，みずからの参禅体験を生かしながら，西洋哲学の概念を駆使して独自の哲学を形成した。彼は，我と物，主観と客観とが対立する以前の主客未分の状態を「純粋経験」と名づけた。次に述べられるA～Dの4人の経験のうち，純粋経験の具体例として**適当でないもの**を，次の①～④のうちから一つ選べ。□11□

① はじめて自転車レースに出場したAさんは，レースが後半になるにつれてペダルをこいでいる感覚を忘れ，気づくとゴールしていた。

② 画家であるBさんは，富士山の風景画を制作することに没頭したが，それはあたかも富士山に突き動かされて描いているかのようだった。

③ あるアイドルの熱狂的ファンであるCさんは，握手会で体温が低くて冷たいアイドルの手に触れたとき，自分の手がとても熱くなっていることに気づいた。

④ 読書が大好きなDさんは，夏目漱石の『こころ』を，我を忘れるほど集中して読んでいたため，携帯電話が鳴る音にまったく気づかなかった。

第3問　次の文章を読んで，次の問い（問1～8）に答えよ。（配点　22）

　　ⓐ産業革命が起きたころ，発明された機械の導入によって，多くの労働者が
失業することになった。その労働者の一部はラッダイト運動を起こして抵抗した。
　　機械が人間から仕事を奪う，つまり人間性の喪失が起きている疎外状況にお
いて，ⓑ本来の人間のあり方を問い直す動きが見られた。たとえば，デンマーク
の思想家であるキルケゴールは，だれにでも当てはまるような客観的真理では
なく，自分がそれのために生きそれのために死ねるような主体的真理を探究す
ることを試みた。またⓒニーチェは，意味のない人生を力強く生きることの重
要性を主張した。彼らはのちに，ⓓ実存主義者として分類されることになる。
　　他方，この疎外状況において，物理的な利益を追求する社会そのものを問い
直す動きも見られた。たとえば，ⓔマルクスは，資本主義社会においては，本来
生きがいを感じ自己実現をするための労働が苦役となってしまっていると論じ
て，資本主義社会を厳しく批判した。このようなマルクスの思想は，のちに
ⓕ社会主義革命の思想的支柱となった。
　　労働のあり方と人間性の探究という，一見無関係に見られるこの2つは，じ
つは密接につながっていることがわかるであろう。こうした議論は，のちに思
想そのもののあり方を問い直すきっかけともなり，アメリカにおいてⓖプラグ
マティズムが提唱されることになった。ⓗ現代の思想においても，こうした議
論は活発に行なわれている。

問1　下線部ⓐに関連して，次のア～ウは，この時期にフランスで活躍した哲
　　学者であるコントが説いた社会の進歩に関する「三段階の法則」について
　　の説明である。その組合せとして正しいものを，次の①～⑥のうちから一
　　つ選べ。　12

　　ア　人間による人間の征服を基礎とする軍事的段階
　　イ　人間による自然の征服を基礎とする産業的段階
　　ウ　法による人間の支配を基礎とする法律的段階

　　①　第一段階―ア　　　第二段階―イ　　　第三段階―ウ
　　②　第一段階―ア　　　第二段階―ウ　　　第三段階―イ

③　第一段階—イ　　　第二段階—ア　　　第三段階—ウ

④　第一段階—イ　　　第二段階—ウ　　　第三段階—ア

⑤　第一段階—ウ　　　第二段階—ア　　　第三段階—イ

⑥　第一段階—ウ　　　第二段階—イ　　　第三段階—ア

問2　下線部ⓑに関連して，次の**資料**は，20世紀のあるドイツの思想家が著した『哲学入門』からの引用である。この**思想家の名前**と文章中の　**X**　に入る語句との組合せとして正しいものを，次の①〜④のうちから一つ選べ。
　　 13

> **資　料**
> 　神はけっして知の対象ではない。神は強制的に推論せられない，ということがたえず明らかになるのであります。そればかりでなく，神は感覚的経験の対象ではありません。神は不可視的であります。それは目に見ることのできないものであって，ただ信仰せられるだけであります。
> 　それではこの信仰はどこからくるのでしょうか。それは根源的には世界経験の限界から出てくるのではなくて，人間の自由から出てくるのであります。自己の自由を本当に悟る人間が，同時に神を確認するのです。　**X**　。なぜでしょうか。
> 　私が自由である場合，私は私自身によって存在するのではなく，私は私に授けられているのであるということを，私は信じて疑わないのであります。なぜなら，私が私のものでないことがあり，また私は強制的に私を自由たらしめることはできないからであります。私が本当の意味で私自身である場合は，私は自分自身によってそうであるのではないということを疑わない。最高の自由は，世界から自由であることによって，同時に超越者ともっとも深く結合されていることとして自覚されるのであります。

　　　思想家の名前　　　　　　　　　**X**

①　ヤスパース　　　自由と神は不可分のものであります

②　ヤスパース　　　自由と神はけっして交わることはありません

問
題
編

2021年第1日程

予想問題・第1回

予想問題・第2回

予想問題・第3回

③　ニーチェ　　　　自由と神は不可分のものであります

④　ニーチェ　　　　自由と神はけっして交わることはありません

問3　下線部ⓒに関連して，次のレポートは，生徒Aがニーチェについてまとめたものである。空欄　**a**　・　**b**　に入る語句の組合せとして正しいものを，次の①〜④のうちから一つ選べ。　|14|

レポート

　ニーチェは，社会の荒廃や人間の無気力の原因の一つをキリスト教に求めた。彼は，隣人愛にもとづくキリスト教の平等・博愛など，弱者の立場を擁護する倫理観を「　**a**　」と呼んで否定した。そして，その表面的な道徳と裏腹に，その根底には大衆的な利己主義の否定と，強者に対する怨恨という　**b**　が隠されていると論じた。

---

①　**a**　永劫回帰　　　**b**　リヴァイアサン

②　**a**　永劫回帰　　　**b**　ルサンチマン

③　**a**　奴隷道徳　　　**b**　リヴァイアサン

④　**a**　奴隷道徳　　　**b**　ルサンチマン

問4　下線部ⓓに関連して，次のア〜ウの説明について正しいものの組合せを，次のページの①〜⑧のうちから一つ選べ。　|15|

　ア　サルトルは，実存としての人間とは，神の存在を前提に，みずからそのあり方を選択し，みずからを未来に向けて投げかけることによって，自分が何であるかという自己の本質を自由につくり上げていく存在であると考えた。

　イ　ボーヴォワールは，男性優位の社会が女性に対して特定の生き方を押しつけていることを批判し，女性もまた人間として社会の中でみずからのあり方を自由に選択できることが必要であると考えた。

　ウ　カミュは，何の必然性もなくこの世に生まれ落ちる不条理の中で自分として生き続けることに，人間としての実存が求められると考えた。

① ア―正　　イ―正　　ウ―正

② ア―正　　イ―正　　ウ―誤

③ ア―正　　イ―誤　　ウ―正

④ ア―正　　イ―誤　　ウ―誤

⑤ ア―誤　　イ―正　　ウ―正

⑥ ア―誤　　イ―正　　ウ―誤

⑦ ア―誤　　イ―誤　　ウ―正

⑧ ア―誤　　イ―誤　　ウ―誤

問5　下線部ⓔに関連して，次の会話文中の下線部①～④のうちから，マルクスについての説明として**適当でない**ものを一つ選べ。　| 16 |

K：マルクスがヘーゲルの弁証法の影響を受けながら，「ヘーゲルは頭で動いている」と述べてヘーゲルを批判したことは有名だね。

Y：その批判はどういう意味？

K：①ヘーゲルは，この世界を動かす原動力を絶対精神だと述べた。マルクスは，この世界を動かす原動力とは，そのような抽象的な理念ではなく，人間の生活，つまり生きるための生産であり，人間と人間との生産のための関係であると考えたんだ。

Y：たしかに，絶対精神ってよくわからないね。それに対して，世界を動かす原動力が人間と人間との生産関係だというのは具体的でわかりやすい。

K：ただし，マルクスによると，生産は生産力と生産関係によって成り立つが，歴史的にみると，②生産力はつねに一定量に固定化されるのに対して，生産関係はつねに変化する傾向にある。ここに矛盾がある。この矛盾が階級闘争となって表れると考えたんだ。こうした，③生産力と生産関係の変化を中心とした歴史観を唯物史観という。

Y：なんだか難しいな。

K：マルクスは，④法や政治といった社会制度を上部構造と呼び，物質的な生産関係，すなわち経済構造を下部構造と呼んで，「土台（下部構造）は上部構造を規定する」と説いた。マルクスによれば，政治活動は経済的に安定した土台の上で健全に行なわれるんだ。

問6 下線部⑥に関連して，次のア～ウは社会主義に関わる人物についての説明であるが，それぞれだれのことか。その組合せとして正しいものを，次の①～⑧のうちから一つ選べ。 | 17 |

ア 亡命先のイギリスにおいて，資本主義社会であるにもかかわらず労働者が裕福になりつつある姿を見て，マルクス理論が適切でないと感じ，労働者が議会で多数を占めることによって社会民主主義を推進すべきだと論じた。

イ みずから工場を経営し，経営者の立場から労働者の生活や労働条件の改善に努めたのち理想社会の実現をめざしてアメリカに渡り，共同所有・共同生活のニューハーモニー村を実験的に建設した。

ウ 帝国主義こそが資本主義の最高段階であるとして資本の集中や植民地支配を批判するとともに，社会主義革命を成し遂げ，その後プロレタリア独裁政権を樹立した。

① ア エンゲルス　　　イ ウェッブ夫妻　　ウ ネルソン・マンデラ
② ア エンゲルス　　　イ ウェッブ夫妻　　ウ レーニン
③ ア エンゲルス　　　イ オーウェン　　　ウ ネルソン・マンデラ
④ ア エンゲルス　　　イ オーウェン　　　ウ レーニン
⑤ ア ベルンシュタイン　イ ウェッブ夫妻　　ウ ネルソン・マンデラ
⑥ ア ベルンシュタイン　イ ウェッブ夫妻　　ウ レーニン
⑦ ア ベルンシュタイン　イ オーウェン　　　ウ ネルソン・マンデラ
⑧ ア ベルンシュタイン　イ オーウェン　　　ウ レーニン

問7 下線部⑧に関連して，プラグマティズムの説明として最も適当なものを，次の①～④のうちから一つ選べ。　18

① プラグマティズムとは，経験論の伝統を受け継ぎ，知識や観念を，それがもたらす結果によってたえず検証しようとする思想である。

② プラグマティズムとは，大陸合理論を基盤として生まれたアメリカ固有の思想である。

③ プラグマティズムとは，「行動」や「事実」を意味するギリシャ語を語源としているが，その思考はきわめて抽象的なものであり，実生活からは隔絶した思想である。

④ プラグマティズムとは，科学的認識よりも実用性を優先し，日常生活の知恵を基盤とする思想である。

問8 下線部ⓗに関連して，近代哲学のあり方を批判的に論じた人物の説明として**適当でないもの**を，次の①～④のうちから一つ選べ。　19

① デリダは，二元論的思考など近代哲学が構築してきた基礎をいったん崩し，新しい哲学を模索する「脱構築」を唱えた。

② レヴィナスは，近代哲学には他者へのまなざしが欠けていると批判し，自己の思いどおりにならない「他者」の重みを思い知ることの大切さを説いた。

③ リオタールは，多様な現実を単一の思想的枠組の中でとらえようとする近代哲学の思考を，「小さな物語」と呼んで批判した。

④ ハンナ・アーレントは，「労働」「仕事」「活動」という人間の営みのうち，公共性を形成するのは「活動」であると説いた。

第4問 次のⅠ・Ⅱの問い（**問1～8**）に答えよ。（配点　20）

Ⅰ　ある高校の「政治・経済」の授業で，生徒A～Eが国会や内閣の地位や権限について，それぞれが以下のように**テーマ**を決めて発表することになった。これらに関連して，次の問い（**問1～5**）に答えよ。

テ ー マ

生徒A　国会の憲法上の地位について

生徒B　国会議員の地位について

生徒C　議院内閣制について

生徒D　内閣の権限について

生徒E　行政改革について

問1　生徒Aのテーマ「国会の憲法上の地位」に関連して，日本国憲法第41条は，国会が「唯一の立法機関」であると規定している。この文言の解釈をめぐっては，おもに**考え方X**と**考え方Y**がある。この2つの考え方にはそれぞれ例外があるといわれているが，**考え方Y**にもとづく憲法上の措置の例外にあたるものを，次のページの①～④のうちから一つ選べ。　　20

考え方X

　国会だけが立法を行なうことができる機関であり，ほかの機関が法規範を制定することは認められない。

考え方Y

　国会の立法行為の過程には，国会以外のいかなる機関の参与も認められない。

---

① 最高裁判所は，裁判所の内部規律や事務処理に関する事項について規則を定める権限を有する。

② 内閣は，憲法および法律の規定を実施するために，政令を制定する権限を有する。

③ 衆参両議院は，おのおのの会議の手続きや内部の規律に関する規則を定める権限を有する。

④ 国会が，ある特定の地方公共団体のみに適用される特別法を制定する場合には，その住民の投票による過半数の同意を得る必要がある。

問2 生徒Bのテーマ「国会議員の地位」に関連して，憲法上保障されている国会議員の地位や特権について最も適当なものを，次の①～④のうちから一つ選べ。 21

① 自由な政治活動を保障するために，国会議員はその任期中はどんな場合にも逮捕されることはない。

② 国会議員は，議院内で行なった演説，討論，表決については，院外で責任を問われない。

③ 国会議員は，選出された選挙区の有権者を代表する者であり，全国民の利益ではなくその選挙区民の利益のみを考えて活動しなければならない。

④ 国会議員は，有権者の直接請求権にもとづき，ある一定数の有権者の罷免を可とする票によって罷免される場合がある。

問3 生徒Cのテーマ「議院内閣制」に関連して，内閣が必ず総辞職しなければならない場合として適当でないものを，次の①～④のうちから一つ選べ。 22

① 内閣総理大臣が，任期中に死亡したり，みずから職務遂行が困難であると判断したりした場合

② 衆議院が内閣に対して不信任決議を可決したのち，内閣が衆議院を解散しなかった場合

③ 衆議院が任期を満了したのち，臨時国会が召集された場合

④ 内閣を構成する国務大臣が，汚職などの不正を行なっていることが発覚した場合

問4 生徒 D の**テーマ**「内閣の権限」に関連する記述として最も適当なものを，次の①～④のうちから一つ選べ。 23

① 非行に及んだ裁判官を弾劾する裁判所の設置
② 最高裁判所長官の任命
③ 予算の作成と国会への提出
④ 証人の出頭や記録の提出を要求するなどの国政調査権の行使

問5 生徒 E の**テーマ**「行政改革」に関連する記述として最も適当なものを，次の①～④のうちから一つ選べ。 24

① 官僚が早期退職して特殊法人や民間企業などに再就職する天下りを禁止する法律が制定された。
② 法律で枠組だけを決めてその細部は行政に委任し，政令や省令などで定める委任立法を禁止する法律が制定された。
③ 国家公務員が贈与や接待を受けた場合に報告・公開することを定めた国家公務員倫理法が制定された。
④ 行政機関の活動を調査・報告する行政監察官制度が，国政レベルでも導入された。

Ⅱ 生徒Fと生徒Gは，「日本における司法機関の役割」について探究を行ない，クラスで発表することとなった。次の**図**は，その準備としてすべきことを整理したものである。これに関して，以降の問い（**問6～8**）に答えよ。

Ⅰ．課題の設定
　〇日本における(a)司法機関の役割
　　→これまで，日本の裁判所がどのような判決や命令を出してきたのか？
　　→裁判所は，積極的に違憲判決を出すべきなのか？

＊何を，どのような観点から取り上げるかを特定し，設定した課題に関連する資料を収集する。

＊関係する資料を調査・検討・整理する。

Ⅱ．情報収集
　〇最高裁判所のWebページや判例集
　〇主要な判例に関する学者の論文・専門書の記述

＊検討を進めるために，さらに必要な資料を調べる。

Ⅲ．整理と分析
　〇これまで最高裁判所が下した違憲判決
　　→どのような判決があるのか？
　〇裁判所の違憲審査権の意義や目的
　　→(b)裁判官が法律や命令の違憲性を問うことの問題点とは何か？

＊理解しやすいように，説明の仕方と構成を工夫する。

Ⅳ．まとめと発表
　〇法治国家としての裁判所の役割
　〇(c)市民の積極的な司法参加の重要性

問6　下線部ⓐに関連して，現在の日本の裁判所および裁判官に関する記述として最も適当なものを，次の①〜④のうちから一つ選べ。 **25**

①　下級裁判所の裁判官は，最高裁判所の指揮のもとで裁判を行なうことが義務づけられている。

②　最高裁判所および下級裁判所の裁判官は，国民審査によって国民の信任を得ることが義務づけられている。

③　裁判における対審および判決は，どのような場合でも必ず公開されることが義務づけられている。

④　大日本帝国憲法下で設置されていた行政裁判所や皇室裁判所といった特別裁判所の設置は禁止されている。

問7　下線部ⓑに関連して，違憲審査制度に関する記述として最も適当なものを，次の①〜④のうちから一つ選べ。 **26**

①　違憲審査制度は，近代民主主義の原理の一つである「立法権の優位」という考え方から導き出されたものではない。

②　違憲審査制度は，「法の支配」の考え方を生んだイギリスにおいてはじめて確立されたものである。

③　違憲審査制度は日本国憲法には明記されていないが，慣行によって確立されており，最高裁判所はこれまでも多くの違憲判決を下している。

④　日本の審査制度では，憲法に反する法律を発見した国民は，だれでも直接，裁判所に違憲の訴えを起こすことができる。

問8　下線部ⓒに関連して，次の会話文中の空欄　**a**　・　**b**　に入る記述の組合せとして正しいものを，次の①〜④のうちから一つ選べ。　27

生徒F：市民が裁判に参加することに対して，個人的には反対だな。

生徒G：どうして？　市民の司法参加はいろいろな国で認められていることだよ。

生徒F：市民が司法参加することで，　**a**　。

生徒G：その問題自体は議論されるべきだと思うけれど，市民の司法参加とは別の問題ではないかな。たとえ市民が司法参加していなくても，その問題は起きているよ。

生徒F：市民が司法参加することで，起きる確率は高まると思うんだけれど。

生徒G：それはいちがいには言えないのではないかな。法律の素人である市民が司法参加することで，法律の専門家である裁判官だけの裁判よりも，事件の真実が明らかになることもあるのではないかな。

生徒F：いや，逆に感情に流されて，合理的な判断ができないおそれのほうが強いと思うよ。有罪を無罪と判断しかねない。

生徒G：司法参加に批判的なキミの意見には賛成できないけれど，もしキミの意見を踏まえたとしても，有罪を無罪と判断してしまうことよりも，無罪を有罪としてしまうことのほうが怖いな。著しく人権を侵害するおそれがある。

生徒F：　**b**　というわけだね。

① **a**　誤審が増えるという問題がある
　　b　推定無罪の原則が脅かされる

② **a**　誤審が増えるという問題がある
　　b　一事不再理の原則が脅かされる

③ **a**　裁判官の独立が脅かされる
　　b　推定無罪の原則が脅かされる

④ **a**　裁判官の独立が脅かされる
　　b　一事不再理の原則が脅かされる

第5問 生徒X・Y・Zは,「政治・経済」の授業で「日本の政党政治と選挙」というテーマの発表をすることになった。話し合った結果,イントロダクションとして「国政選挙の現状」,そして,本題として「選挙制度の課題」「議席配分方式」「日本の政党政治」の構成に決めた。次の**ノート**は,発表の概要と担当を書き留めたものである。これをもとに,次の問い(**問1〜4**)に答えよ。(配点 11)

ノート

発表のテーマ：日本の政党政治と選挙

イントロダクション (X・Y・Zが担当)
・ⓐ国政選挙の現状を調べる

Aパート：選挙制度の課題 (Xが担当)
・ⓑ公職選挙法,これまでの選挙関連の判決を調べる

Bパート：議席配分方式 (Yが担当)
・ⓒドント方式やアダムズ方式を調べる

Cパート：ⓓ日本の政党政治 (Zが担当)
・55年体制における各政党の動向を調べる
・55年体制終焉後の動向を調べる

問1 下線部ⓐに関連して,衆議院と参議院のそれぞれの特徴として示した**資料1〜資料3**について,**資料1**中の　**a**　・　**b**　と**資料2**の**A・B**,**資料3**の**ア・イ**のうち,衆議院の特徴を示すものの組合せとして正しいものを,129ページの①〜⑧から一つ選べ。　**28**

資 料 1　任　期

議　　院	任　　期
a	4 年（解散あり）
b	6 年

資 料 2　投票率の推移

A

B

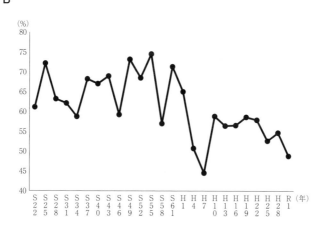

＊ S ＝昭和／H ＝平成／R ＝令和をそれぞれ表す。

資 料 3 地 図

ア

*上の地図は，各選挙区の範囲と選挙区別の定数を表す。

イ

*▭は，ブロックを表す。

① a—A—ア
② a—A—イ
③ a—B—ア
④ a—B イ
⑤ b—A—ア
⑥ b—A—イ
⑦ b—B—ア
⑧ b—B—イ

問2 下線部ⓑに関連して，日本における現行の国政選挙制度に関する記述として最も適当なものを，次の①〜④のうちから一つ選べ。 29

① 衆議院議員総選挙の選挙区制において生じた定数不均衡について，最高裁判所は，定数配分を違憲として選挙を無効とする判決を下したことがある。

② 有権者が投票しやすくするため，投票所に直接足を運ばなくてもインターネットを使って行なう電子投票が実施されている。

③ 選挙における公平性を確保し有権者の投票における諸条件をなるべく同一にするために，投票日以前に投票することを認めている。

④ 在外日本人の選挙権は，衆参両議院選挙において，比例代表制への投票は認められているが，選挙区制への投票は認められていない。

問3　下線部ⓒに関連して，選挙における議席配分方式に関する次の文章を読み，空欄　**a**　・　**b**　に当てはまる適当な数字の組合せとして正しいものを，次のページの①〜④のうちから一つ選べ。　30

選挙による議席配分方式には，いくつかの方式がある。まず，比例代表制における各政党への議席配分方式としてドント方式がある。これは，各政党の得票数を，1から順番に整数（除数）で割り，その商の値の大きい順に議席を定数まで配分するというやり方である。

表1 を見てほしい。定数を5だとして，A〜Dの各政党の議席を1から順に整数で割って配分議席を計算すると，A党は　**a**　議席を獲得することになる。

他方，選挙区制における各政党への議席配分方式としてアダムズ方式がある。これは，各都道府県の有権者人口を適当な整数（除数）で割った結果出てきた商の値（小数点以下は切り上げ）を，その都道府県の議席数とするというものである。

表2 を見てほしい。定数を10だとして，X〜Zの各県の有権者人口を適当な除数で割る。たとえば100,000で割ると，X県は18，Y県は10.5（≒11），Z県は7.5（≒8）となり，これでは合計37となり，定数10に合わない。そこで，400,000で割ってみる。すると，各県の議席数の合計が10となり，議員定数不均衡がある程度是正された議席配分となる。この場合，X県には　**b**　議席が割り振られる。

表1　定数を5とする場合

政党	A党	B党	C党	D党
得票数	2,000	1,100	700	200
÷1 ÷2 ÷3				
獲得議席				

表2 定数を10とする場合

県	X県	Y県	Z県
有権者数	1,800,000	1,050,000	750,000
÷ 100,000	18	10.5（≒ 11）	7.5（≒ 8）
÷ 400,000			

① **a**－3　　**b**－6
② **a**－3　　**b**－5
③ **a**－2　　**b**－6
④ **a**－2　　**b**－5

問4　下線部⓪に関連して，日本の政党や政党政治についての記述として**適当でないもの**を，次の①～④のうちから一つ選べ。 31

① 55年体制のあいだ，自由民主党と日本社会党は幾度も政権交代を繰り返した。
② 採決に際して，議員が所属政党の決定に従うという党議拘束は禁止されていない。
③ 政治資金規正法は，政党に対する企業・団体献金を禁止していない。
④ ある一定の条件を満たす政党に対して，国庫から政党交付金が交付されている。

第6問 国民生活に関連する次の問い(**問1～3**)に答えよ。(配点　8)

問1 日本の中小企業や中小企業基本法に関する記述として**誤っているもの**を, 次の①～④のうちから一つ選べ。 32

① 中小企業基本法は, 業種別に資本金と従業員数にもとづいて中小企業を定義している。

② 全従業員に占める割合を見ると, 中小企業で働く従業員よりも大企業で働く従業員のほうが多い。

③ 中小企業の中には, 高い技術力で新たな市場を開拓する, ベンチャー・ビジネスと呼ばれる企業もある。

④ 中小企業基本法では, 独立した中小企業の自主的な努力が助長され, 中小企業の多様で活力ある成長・発展がはかられることを基本理念としている。

問2 消費者をめぐる日本の状況に関する記述として最も適当なものを, 次の①～④のうちから一つ選べ。 33

① ケネディ大統領が提唱したいわゆる「消費者の4つの権利」は, 日本国憲法にも明文で規定されている。

② 消費者の権利保護を強化するために, 消費者基本法が消費者保護基本法に改正された。

③ 製造物責任法では, 製品の欠陥によって損害が発生した場合, 過失があることを立証しなくても製造者に賠償責任があるとされている。

④ 訪問販売や割賦販売について, 取消料を払うことを条件に, 一定期間内であれば契約を解消できるクーリング・オフが定められている。

問3　次の会話文を読み，空欄　a　～　e　のうち，　a　・　c　・
　　　d　に入るものの組合せとして正しいものを，次の①～⑥のうちから一
　　つ選べ。　34

　　生徒A：一国の経済はさまざまな要因に影響を受けるからいちがいには言
　　　　　　えないけれど，為替レートだけを考えると，穀物の国内自給率が
　　　　　　低く，多くを輸入に依存している日本の場合，　a　になると，
　　　　　　輸入品価格が上昇してしまい，場合によっては台所を直撃し，家
　　　　　　計が逼迫するおそれがある。
　　生徒B：反対に，　b　になると，輸出品の国際競争力が　c　する。
　　生徒A：アベノミクスが国内経済にもたらした功績としては，　d　によ
　　　　　　って自動車産業を中心に業績が　e　ことが挙げられるね。

　①　　a　円高　　　　c　上昇　　　d　円高
　②　　a　円高　　　　c　低下　　　d　円高
　③　　a　円高　　　　c　上昇　　　d　円安
　④　　a　円安　　　　c　低下　　　d　円高
　⑤　　a　円安　　　　c　上昇　　　d　円安
　⑥　　a　円安　　　　c　低下　　　d　円安

第7問 日本の労働問題や社会保障問題についての理解を深めたいと考えた生徒Aと生徒Bは，ある研究機関が行なったシンポジウムで，日本の労働問題や社会保障問題に関連する講演を聴いた。これに関して，次の問い（**問1〜4**）に答えよ。（配点　11）

問1　次の**資料**は，その講演で配布されたものであり，次のページの文章は，これをもとに，生徒Aと生徒Bが交わした会話である。会話文中にある空欄[**a**]〜[**c**]には**資料**と同じ項目が入る。次の①〜⑥のうちから正しい組合せを一つ選べ。[35]

資　料　女性の予定ライフコース／男性がパートナーに期待するライフコース

女性の予定ライフコース

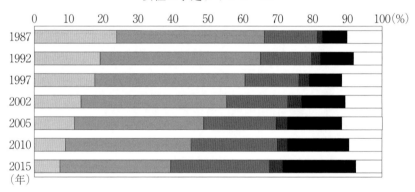

男性がパートナーに期待するライフコース

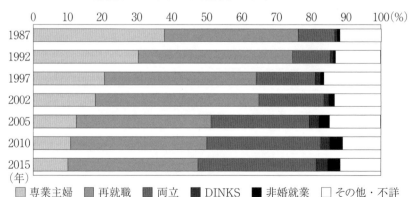

■ 専業主婦　■ 再就職　■ 両立　■ DINKS　■ 非婚就業　□ その他・不詳

（出典：『令和2年版　厚生労働白書』）

生徒A：「女性の予定ライフコース」を見ると，1987 年から 2015 年まで一貫して「　a　」が減少しているのに対して，「　b　」や「　c　」が増えているね。

生徒B：「男性がパートナーに期待するライフコース」を見ても，「女性の予定ライフコース」と比べて「　c　」の割合は低いものの，だいたい似たような傾向が見てとれるね。

生徒A：いや，よく見ると，「　b　」の増加傾向は，「男性がパートナーに期待するライフコース」のほうが「女性の予定ライフコース」よりも大きいよね。これって，昔，男性はパートナーに「　a　」を求めて，いまは「　b　」を求めているって読めるよね。男性は外で仕事をして，女性は家庭内で家事を担うべきだとする性別役割分業が見直されてきたというけれど，これだと，女性は昔に比べて，家計と仕事というさらに重い負担を期待されていることになるね。

生徒A：だから，「女性の予定ライフコース」で，「　c　」が増えているんじゃないかな。いや，そもそもこの**資料**だって，どうして「男性がパートナーに期待するライフコース」だけを掲載して，「女性がパートナーに期待するライフコース」を掲載していないんだろう。男性の予定ライフコースだって，ある程度の年月をかけて変化しているかもしれないよね。

① **a** 専業主婦　**b** 両立　**c** 非婚就業
② **a** 専業主婦　**b** 非婚就業　**c** 両立
③ **a** 両立　**b** 専業主婦　**c** 非婚就業
④ **a** 両立　**b** 非婚就業　**c** 専業主婦
⑤ **a** 非婚就業　**b** 専業主婦　**c** 両立
⑥ **a** 非婚就業　**b** 両立　**c** 専業主婦

問2 生徒Aは，日本の労働法制について調べた。日本の労働法制に関する記述として最も適当なものを，次の①〜④のうちから一つ選べ。 36

① 労働基準法は，1日8時間，1週40時間以内の労働時間を超えて労働させることをいっさい禁止している。

② 労働組合法は，使用者が組合活動を妨害する不当労働行為を禁止し，かつ使用者に組合活動に必要な経費の全部または一部を援助することを義務づけている。

③ 労働関係調整法は，争議調整として，調停や仲裁など法的拘束力を有さない手続きを規定している。

④ 男女雇用機会均等法は，募集・採用・配置・昇進などについて男女の差別的取り扱いを禁止する法律で，使用者にセクシュアル・ハラスメントの防止に対する配慮を義務づけている。

問3 生徒Bは，日本の社会保障制度について調べた。日本における公的年金および医療保険制度についての記述として最も適当なものを，次の①〜④のうちから一つ選べ。 37

① 年金保険の保険料に関する財源調達方式として，積立方式に代わって，事実上の賦課方式が採用されている。

② 国民年金法が改正され，基礎年金として強制加入とされていた国民年金は，任意加入となった。

③ 急速な高齢化にともない導入された後期高齢者医療制度によって，75歳以上の高齢者の医療費が無料化された。

④ 公的医療保険制度のうち，国民健康保険は，20歳以上の全国民の加入が義務づけられている。

問4　講演の中で，演者が社会の所得格差を測る指標の一つとして，ローレンツ曲線とジニ係数を説明していた。次の文章は，そこで配布された**レジュメ**の一部である。空欄　**X**　～　**Z**　に当てはまる語句の組合せとして正しいものを次のページの①～④のうちから一つ選べ。　**38**

レジュメ

　ローレンツ曲線とは，世帯を所得の低い順に並べ，横軸に世帯数の累積比率をとり，縦軸に所得額の累積比率をとって，世帯間の所得分布をグラフ化したものである。もし社会に所得格差が存在せず，すべての世帯の所得が同額であると仮定するならば，ローレンツ曲線は45°線と一致する。そして，所得や富の分布に偏りがあるかぎり，ローレンツ曲線は下方に膨らんだ形になる。したがって，所得格差が大きくなればなるほど，この膨らみが大きくなる。

　他方，ジニ係数とは，ローレンツ曲線の下方への膨らみ具合を，45°線を斜辺とする三角形の面積と，45°線とローレンツ曲線にはさまれた部分の面積との比で表される指標であり，0から1のあいだにあって，1（0）に近いほど格差が大きい（小さい）ことを表す。

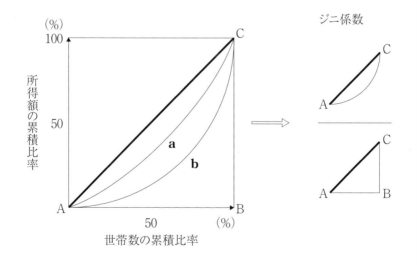

いま，高齢化にともない年金給付額の水準を引き下げるとしよう。その場合，ほかの条件に変化がなければ，ローレンツ曲線は　X　に変化する。その結果，ジニ係数を表す式のうちの分子の値が　Y　ため，ジニ係数は　Z　に近づくということになる。

	X	Y	Z
①	aからb	小さくなる	0
②	aからb	大きくなる	1
③	bからa	小さくなる	0
④	bからa	大きくなる	1

本文イラスト　ニッタプリントサービス

MEMO

MEMO

MEMO

MEMO

MEMO